Séances animées

W0349268

Mon cahier d'Histoire

CM2

Myriam Notteau
Professeure des écoles

Jérémie Pointu
Professeur d'Histoire-Géographie
au collège Marie Curie, Troyes
et formateur en master MEEF à l'INSPE de Troyes

Suzanne Pointu
Professeure des écoles

Didier Wojszvzyk
Professeur d'Histoire-Géographie
au collège Marie Curie, Troyes

Ce cahier appartient à :

....

....

Cet ouvrage est conforme à la nouvelle orthographe
www.orthographe-recommandee.info

Nathan

À la **découverte** de ton **cahier**

Ce cahier t'appartient !
Tout au long de l'année, tu vas le compléter et l'explorer.
Il te permettra de garder la trace de tes découvertes et de tes apprentissages en Histoire.

Pour te repérer dans le temps

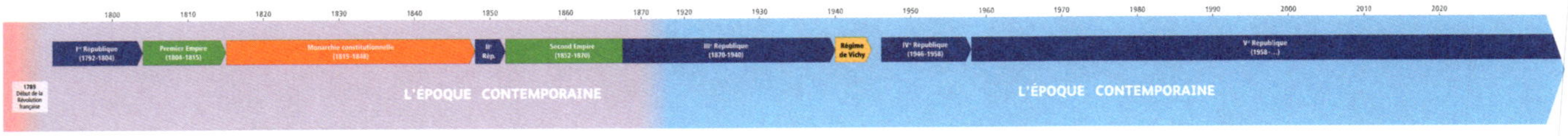

Une grande **frise chronologique** sur les rabats, à compléter tout au long de l'année, en ajoutant de part et d'autre :
→ les documents proposés par ton enseignant-e
→ tes propres photos, textes, dessins…

Pour apprendre avec divers médias

DOC 4 La signature de l'armistice

Des ressources numériques :
vidéos, audios et cartes interactives, accessibles grâce à des QR codes, pour réviser à la maison

DOC 1 Deux alliances face à face

LES PICTOS
- vidéo
- audio/texte lu
- carte interactive
- Frise frise à compléter

Pour mémoriser de façon active

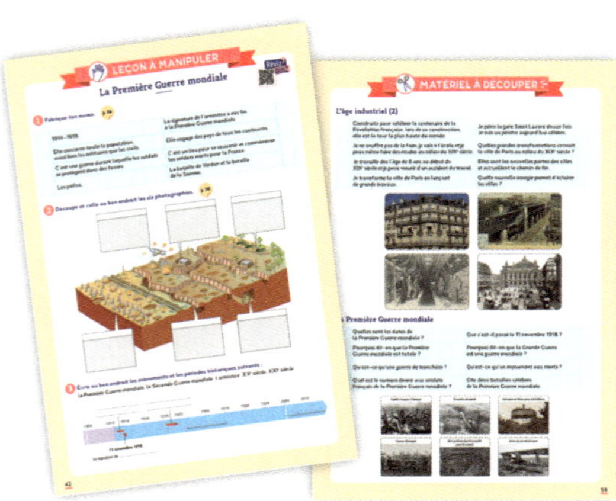

Des leçons **à manipuler** pour être acteur de tes apprentissages, avec des images et des mémos à découper à la fin de ton cahier pour faciliter tes révisions.

aperçu du résultat final

POUR L'ENSEIGNANT-E

Sur le site compagnon
seances-animees.nathan.fr
- les corrigés de toutes les activités
- des propositions d'images pour compléter la frise chronologique

SOMMAIRE

THÈME 1 Le temps de la République

THÈME 2 L'âge industriel en France

THÈME 3 La France, des guerres mondiales à l'Union européenne

1 La République s'installe

Pendant plus de mille ans, la France a été une monarchie avec des rois qui se succédaient. Combien de temps a-t-il fallu pour que la République* s'impose en France ?

1 Sur la frise, colorie en bleu les républiques et en vert les régimes qui ne sont pas des républiques. Entoure en rouge les révolutions et en jaune le centenaire de la République.

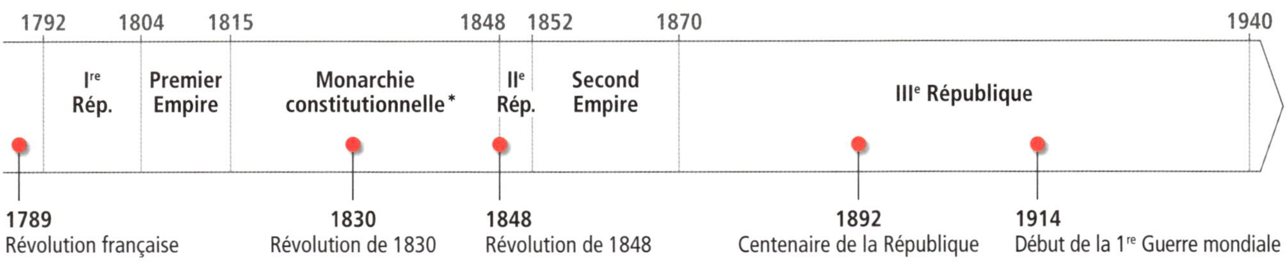

DOC. 1 **Les régimes politiques depuis 1789**

2 La France est-elle une république depuis 1789 ? Explique ta réponse.

....

La plupart des maisons sont pavoisées de drapeaux tricolores. Une foule joyeuse et presque enthousiaste sillonne les rues et se presse sur les boulevards.
Le clou de la fête pour la population parisienne était le passage des chars historiques.

On évalue à près de un million le nombre des curieux qui s'étaient massés. Deux chars semblent avoir recueilli le plus de suffrages* : celui de la Marseillaise et celui du Triomphe de la République.

D'après *L'Écho de Lyon*, journal républicain, 23 septembre 1892.

DOC. 2 **Récit de la fête du centenaire de la République à Paris**

DOC. 3 **Affiche de 1892** pour le centenaire de la République

3 Dans le texte, souligne en bleu un passage de ton choix qui montre l'enthousiasme des Français pour la République.

4 Sur l'affiche, entoure en rouge deux symboles de la République française et en bleu un symbole du progrès économique.

5 Quelle image cette affiche donne-t-elle de la République en 1892 ?

....

Ce que j'ai retenu

▶ **Explique comment la République s'est peu à peu installée en France au XIXe siècle.**

....

....

2 L'école primaire gratuite, laïque et obligatoire

Au début du XIXe siècle, peu d'enfants vont à l'école. Ils travaillent pour la plupart dans les usines, aux champs ou dans les mines. Aujourd'hui, l'école est obligatoire, gratuite et laïque*. Mais depuis quand les enfants ont-ils cette chance ? Et grâce à qui ?

1 Qui sont les personnages représentés sur cette sculpture ? Place les lettres correspondantes sur la photographie.

A Jules Ferry **C** Une institutrice
B Un élève **D** Marianne, symbole de la République

2 À ton avis, quel message le sculpteur a-t-il cherché à faire passer ?

....

....

3 Souligne en rouge, sur la frise chronologique, l'année et le nom des lois qui rendent l'école primaire obligatoire pour les garçons et les filles en France.

DOC. 1 **Jules Ferry**, sculpture, 1910

4 Souligne en bleu les trois mots les plus importants de ces lois.

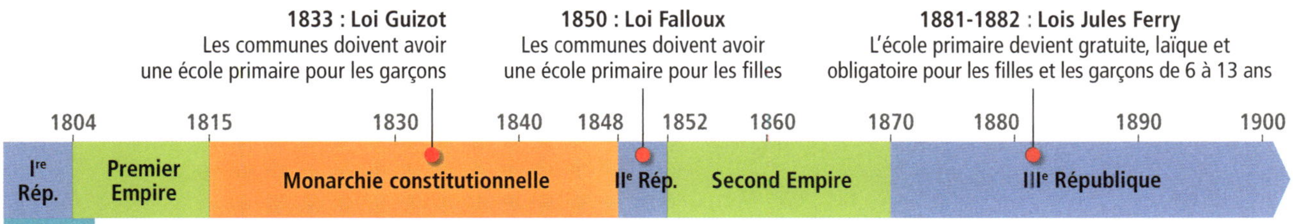

DOC. 2 **Les lois de la République sur l'école**

5 Qui est l'homme à l'origine de ces lois ? ....

6 À ton avis, pourquoi a-t-il voulu que l'école primaire soit :

- gratuite : ....
- laïque : ....
- obligatoire : ....

7 Donne le nom du régime politique à l'origine de ces progrès. ....

Ce que j'ai retenu

▶ **Explique ce que les lois de Jules Ferry ont changé pour les enfants au XIXe siècle.**

....

....

3 L'école à la fin du XIXe siècle

AVOIR 10 ANS sous...

Des milliers d'écoles primaires sont construites sous la IIIe République pour les enfants de 6 à 13 ans, suite aux lois Jules Ferry. Les instituteurs et les institutrices y enseignent notamment les valeurs de la République française. À quoi ressemble l'école à la fin du XIXe siècle ?

A Une école primaire au temps de Jules Ferry

DOC. 1 Une école primaire au XIXe siècle

1 Complète la photo avec les légendes suivantes : *école de garçons*, *école de filles*, *mairie*, *cour d'école*.

2 Cette école est-elle vraiment mixte ?

❑ oui ❑ non

3 À ton avis, pourquoi est-il écrit « République française » sur la façade de cette école primaire ?

....

....

....

4 Souligne en bleu, dans le texte, les éléments qui montrent que l'on cherche à améliorer l'hygiène et le confort des élèves.

L'école élémentaire comprend :

1. Un vestiaire distinct ou un vestibule pouvant servir de vestiaire.
2. Une ou plusieurs classes.
3. Un préau couvert avec gymnase et, s'il y a lieu, un petit atelier pour le travail manuel élémentaire.
4. Une cour de récréation et un jardin, partout où il sera possible.
5. Des privés (wc) et des urinoirs.
6. Un logement pour l'instituteur ou l'institutrice et, s'il y a lieu, des logements pour les adjoints ou les adjointes.

Conditions générales :
Art. 1er. Le terrain destiné à recevoir une école doit être central, bien aéré, d'un accès facile et sûr, éloigné de tout établissement bruyant, malsain ou dangereux, à 100 mètres au moins des cimetières.
Art. 2. La superficie du terrain sera évaluée à raison de 10 mètres environ par élève.

DOC. 2 Quelques consignes de construction des nouvelles écoles, 1887

B La salle de classe et les matières enseignées

DOC. 3 La salle de classe à l'époque de Jules Ferry

5 Trouve deux différences entre cette salle de classe en 1910 et ta salle de classe aujourd'hui.

- ....
- ....

L'instruction morale et civique.
La lecture et l'écriture.
La langue et les éléments de la littérature française.
La géographie, particulièrement celle de la France.
L'histoire, particulièrement celle de la France jusqu'à nos jours.
Quelques notions usuelles de droit et d'économie politique.
Les éléments des sciences naturelles physiques et mathématiques ; leurs applications à l'agriculture, à l'hygiène, aux arts industriels, travaux manuels et usage des outils des principaux métiers.
Les éléments du dessin, du modelage et de la musique.
La gymnastique.
Pour les garçons, les exercices militaires.
Pour les filles, les travaux à l'aiguille.

Le ministre de l'Instruction publique et des Beaux-arts, Jules Ferry.

DOC. 4 **Programme d'enseignement de l'école primaire obligatoire** (loi du 28 mars 1882)

6 Souligne en rouge, dans le texte, les matières que l'on enseigne encore aujourd'hui et en bleu les matières que l'on n'enseigne plus.

7 a. Pourquoi n'y a-t-il pas d'enseignement religieux ?

....

....

b. Par quoi est-il remplacé ?

....

8 Souligne en vert les deux phrases qui montrent que l'égalité n'est pas complète entre les filles et les garçons.

Ce que j'ai retenu

▶ **Comment était l'école à l'époque de Jules Ferry ?**

....

....

....

4 Les symboles de la République française

EMC

La République française possède un certain nombre de symboles. Quels sont ces symboles ? Quand sont-ils nés ? Que signifient-ils ? À quoi servent-ils ?

1 Relie les symboles de la République se trouvant sur l'affiche à leur signification.

Marianne, symbole de la République	Le bonnet phrygien, symbole de liberté	La prise de la Bastille, symbole de liberté retrouvée	Le drapeau tricolore, symbole de l'union des Français et de fraternité

DOC 1 **Affiche pour le défilé militaire de la fête nationale à Paris,** le 14 juillet 1880

2 **REGARDE LA VIDÉO.** 3 min

a. Quel jour a lieu la fête nationale ?

....

b. En souvenir de quel évènement historique cette fête a-t-elle lieu ? ....

c. Qu'est-ce qui est organisé à Paris le jour de la fête nationale sur les Champs-Élysées ?

....

DOC 4 **Les symboles de la République**

B L'exploitation des peuples colonisés

DOC. 2 Couverture d'un cahier scolaire en 1900

DOC. 3 **Transport de coton, gare de Brazzaville,** Congo, 1910

4 Quelles sont les raisons de la colonisation selon le cahier scolaire de 1900 ?

- ....
- ....
- ....

5 Replace les numéros sur la photographie à côté de la bonne légende.

- ❑ des hommes portant des balles de coton sur leurs épaules
- ❑ un homme portant le casque colonial donnant des ordres
- ❑ des wagons de marchandises destinés à transporter le coton vers le port et, de là, vers l'Europe

6 Quel est le véritable objectif de la colonisation d'après cette photographie ?

....

....

La mortalité effrayante qui frappe les indigènes* soumis aux travaux forcés a atteint ces derniers mois une proportion très importante. La population, même la plus valide, sera tellement réduite que les colons ne pourront bientôt plus rien entreprendre, tant au point de vue du commerce que de l'agriculture et de l'industrie.

Les indigènes sont tellement las et exténués par des corvées et des travaux incessants, qu'ils déclarent aujourd'hui hautement préférer la mort à toute occupation autre que celle de la culture de leurs champs.

Rapport fait au gouverneur général de Madagascar, le 13 janvier 1900.

DOC. 4 L'exploitation des colonies

7 Que font subir les colons* aux colonisés ?

....

....

....

....

Ce que j'ai retenu

▶ **Explique la façon dont ont été traités les peuples colonisés.**

....

....

6 La séparation des Églises et de l'État

En 1905, une loi très importante est votée : la loi de séparation des Églises et de l'État qui met en place la laïcité*. Qu'est-ce que cette loi change pour les Français ? et à l'école ?

DOC. 1 La laïcité

Article 1 – La République assure la liberté de conscience. Elle garantit le libre exercice des cultes.

Article 2 – La République ne reconnait, ne salarie, ni ne subventionne aucun culte. Seront supprimés des budgets de l'État, des départements et des communes, toutes dépenses relatives à l'exercice des cultes.

Journal officiel, 11 décembre 1905.

DOC. 2 Extraits de la loi de 1905

1 **REGARDE LA VIDÉO.** 3 min

a. Quel évènement important a eu lieu en 1905 ? ....

b. Quels sont les piliers de la laïcité ? • .... • .... • .... • ....

2 Surligne l'article de la loi de 1905 qui montre que les religions sont respectées.

Édition originale (1877)	Édition remaniée (1906)
– Julien, dit-il, cette maison est celle d'Étienne le sabotier, un vieil ami de notre père : nous ne devons pas craindre de lui demander un service. Prions Dieu afin qu'il permette qu'on nous fasse bon accueil. *Et les deux enfants, frappant un coup timide, murmurèrent dans leur cœur : – Notre Père, qui êtes aux cieux, donnez-nous aujourd'hui notre pain quotidien.* *– Mon dieu, qu'y a-t-il mes enfants ?* *– Le père est au ciel, dit-il.*	*– Julien, dit-il, cette maison est celle d'Étienne le sabotier, un vieil ami de notre père : nous ne devons pas craindre de lui demander un service.* *Et les deux enfants frappèrent un coup timide.* *– Hélas, qu'y a-t-il mes enfants ?* *– Le père est mort, dit-il*

DOC. 3 Extraits du manuel de lecture primaire ***Le Tour de la France par deux enfants*** : versions de 1877 et de 1906

3 Regarde ces deux versions d'un manuel de lecture. Souligne le mot qui apparait deux fois dans le manuel de 1877 et qui a disparu du manuel de 1906.

4 À ton avis, pourquoi certaines phrases et mots ont disparu dans le manuel de 1906 ?

....

Ce que j'ai retenu

▶ **Qu'a changé la loi de 1905 pour les Français ?**

....

....

7 La République : de nouvelles libertés et de nouveaux droits

Pendant plus de mille ans, la France a été une monarchie.
Au XIXe siècle, la République finit par s'imposer.
De nombreuses lois importantes sont votées. Lesquelles ?
Et en quoi changent-elles la vie des Français ?

1 Surligne en bleu les mots « liberté » et en rouge les mots « droit » sur la frise.

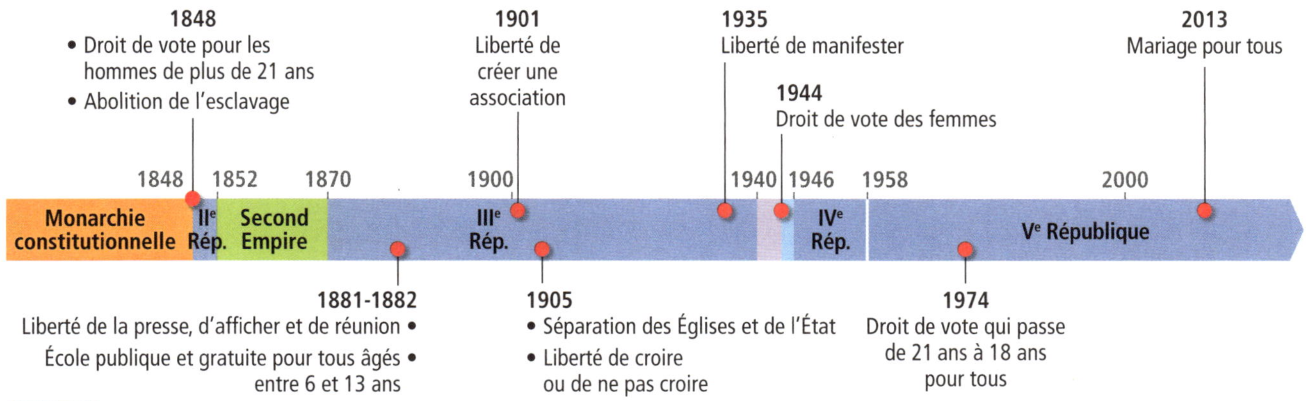

DOC. 1 **Les principales lois républicaines**

2 Indique les droits nouveaux qu'illustrent ces deux images et l'année où ils ont été adoptés.

Doc. 2 : Droit .... Année : ....

Doc. 3 : Droit .... Année : ....

DOC. 2 ***L'Abolition de l'esclavage,*** tableau de François-Auguste Biard, 1848

DOC. 3 **Le kiosque à journaux,** Paris, vers 1900

3 Quel régime politique permet de nouveaux droits et libertés aux Français ? ❑ la monarchie ❑ la République

Ce que j'ai retenu

▶ **Cite quatre exemples de nouveaux droits et libertés apportés par la République.**

- ....
- ....
- ....
- ....

8 Vers le suffrage universel

HÉRITAGES

La République française repose sur la participation des citoyens aux élections depuis la Révolution française. Mais c'est aussi l'histoire d'un long combat en faveur du droit des femmes et de l'égalité. Depuis quand les Français et les Françaises ont le droit de voter en France ?

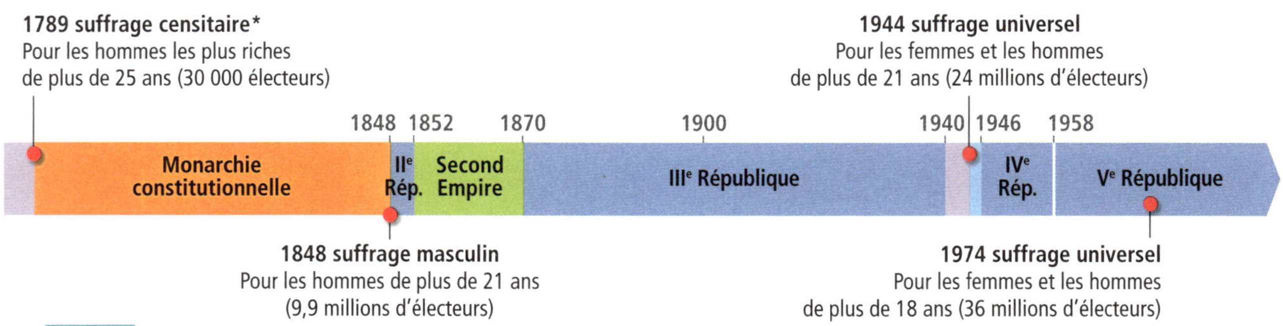

DOC. 1 **L'évolution du droit de vote en France**

1 Coche la bonne réponse aux affirmations suivantes.

	Vrai	Faux
En 1789, seuls les plus riches peuvent voter.	❑	❑
En 1792, toutes les femmes et les hommes de plus de 21 ans peuvent voter.	❑	❑
Les femmes ont eu le droit de vote en même temps que les hommes.	❑	❑
En 1974, tous les Français âgés de plus de 18 ans peuvent voter.	❑	❑

DOC. 2 **Un bureau de vote en 1891,** peinture d'Alfred Bramtot

2 Que font les personnes présentes sur le tableau ?

....

3 Qui est absent ? ....

4 Que demandent les femmes dans le document 3 ?

....

5 Quand obtiennent-elles ce droit d'après la frise chronologique ?

....

DOC. 3 **Manifestation pour le droit de vote des femmes en 1937**

Ce que j'ai retenu

▶ **Qui peut voter en... ?**

1789 : .... 1848 : ....

1944 : .... 1974 : ....

LEÇON À MANIPULER

La République

Réviz' QUIZ

1 Fabrique ton mémo. p. 57

	Une colonie.	Le centenaire de la République.	
	Elle sépare la religion (les « Églises ») et l'État.	Les Français ont plus de liberté et d'égalité (comme le droit de vote des femmes en 1944).	
	Marianne, le drapeau, la *Marseillaise*, la fête nationale.	Le 14 juillet.	
	Le devoir et le droit de voter.	Les lois de 1881-1882 mettent en place l'école obligatoire, gratuite et laïque.	

2 Fabrique deux pochettes et colle-les ci-dessous. Puis, glisse les images à découper dans la bonne pochette. p. 57

3 Écris au bon endroit les évènements et les périodes historiques suivants :
la Révolution française, la Ire République, la IIIe République, le centenaire de la République, la loi de séparation des Églises et de l'État

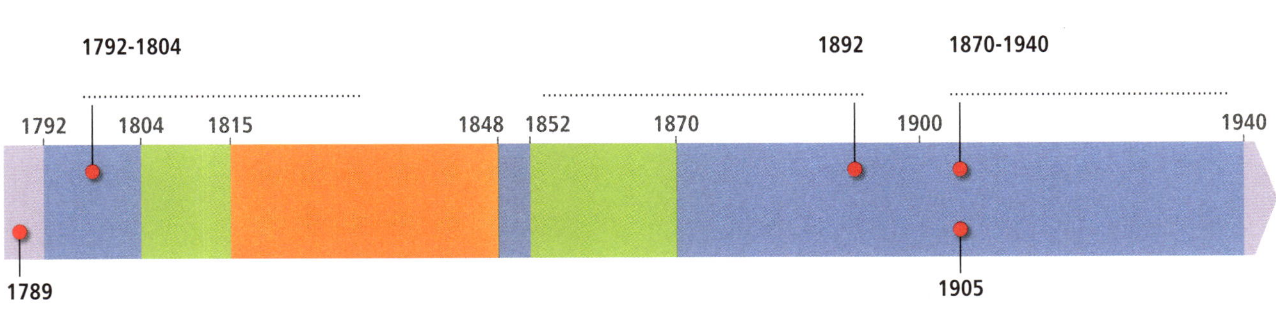

9 Les grandes inventions du XIXe siècle

Le XIXe siècle est marqué par une série incroyable d'inventions qui vont changer la vie des femmes et des hommes. On parle de « révolution industrielle ». Quelles sont ces inventions ? En quoi vont-elles bouleverser notre quotidien ?

A Les principales inventions

1 Écris le nom de chacune de ces inventions sous la bonne image :
machine à vapeur (1769), appareil photographique (1839), vélo (1817), téléphone (1876), ampoule électrique (1879), vaccin contre la rage (1885), voiture (1885), cinématographe (1895).

2 Classe ces inventions dans le tableau suivant.

Secteur	Noms des inventions	
Énergie	• ………………	• ………………
Transports	• ………………	• ………………
Médecine	• ………………	
Loisirs	• ………………	• ………………
Communication	• ………………	

B Les changements dans la vie des femmes et des hommes

La relation entre le train et les Français a démarré comme un coup de foudre.

La première ligne de chemin de fer ouverte aux voyageurs relie Paris à Saint Germain (soit 19 km) en 28 minutes le 24 aout 1837. Dès le lendemain 18 000 personnes font le voyage.

Le train divise la durée des trajets par dix. Les Français et les marchandises voyagent plus. Le chemin de fer a permis le développement touristique des villes de bord de mer comme Arcachon ou Deauville, mais aussi de Chamonix dans les Alpes.

D'après Georges Ribeill, https://lexpansion.lexpress.fr/actualite-economique/le-train-a-change-notre-rapport-au-temps_1994137.html

DOC. 1 Le chemin de fer

Le 28 décembre 1895, dans le Grand Café à Paris, les frères Lumière organisent la première projection publique d'un film au monde, *La Sortie des ouvriers de l'usine Lumière*. Georges Méliès, magicien et directeur de théâtre, raconte : « *À ce spectacle, nous restâmes tous bouche bée, frappés de stupeur, surpris au-delà de toute expression. À la fin de la représentation, c'était du délire, et chacun se demandait comment on avait pu obtenir pareil résultat.* »

En 1896, le public assiste à une autre projection, *L'arrivée d'un train en gare La Ciotat*. De nombreux spectateurs furent effrayés en voyant approcher le train.

D'après https://www.nationalgeographic.fr/histoire/2019/02/comment-les-freres-lumiere-ont-invente-le-cinema

DOC. 2 La naissance du cinéma

3 Dans le document 1, souligne une phrase montrant que le chemin de fer fut, dès le début, un succès en France.

4 Quelles villes et quelle activité économique vont se développer grâce au chemin de fer ? Pourquoi ?

....

....

5 Lis le document 2. Qui a inventé le cinéma ? ....

6 Où se déroule la projection du film ? ....

7 Pourquoi, selon toi ?

....

....

8 **REGARDE LA VIDÉO sur *L'arrivée d'un train en gare La Ciotat.*** 1 min

À ton avis, pourquoi de nombreux spectateurs ont été effrayés en regardant ce film ?

....

....

DOC. 3 *L'arrivée d'un train en gare La Ciotat*, 1896

Ce que j'ai retenu

▶ **En quoi les inventions du XIXe siècle ont-elles changé la vie quotidienne ?**

....

....

....

10 La révolution des transports

Au XIXe siècle, de nombreuses découvertes viennent bouleverser la façon de se déplacer. Quelles sont ces inventions et en quoi ont-elles changé la vie des femmes et des hommes au quotidien ?

A De nouveaux moyens de transport

DOC. 1 Paris à la fin du XVIIIe siècle, gravure anonyme, 1791

DOC. 2 Les transports à la fin du XIXe siècle, photographies

1 Complète le tableau suivant.

	Doc. 1	Doc. 2
Siècle	....	....
Nature des documents	....	....
Moyens de transport visibles	....	....

2 À ton avis, quel est le moyen de transport le plus utilisé par les Parisiens à la fin du XIXe siècle ?

❑ La voiture ❑ Le métro

3 Complète la frise chronologique en plaçant chacune de ces inventions au bon endroit : *le métro (1863), le premier vol en avion (1896), la locomotive (1814), le tramway (1832), l'automobile (1885), le vélo (1817).*

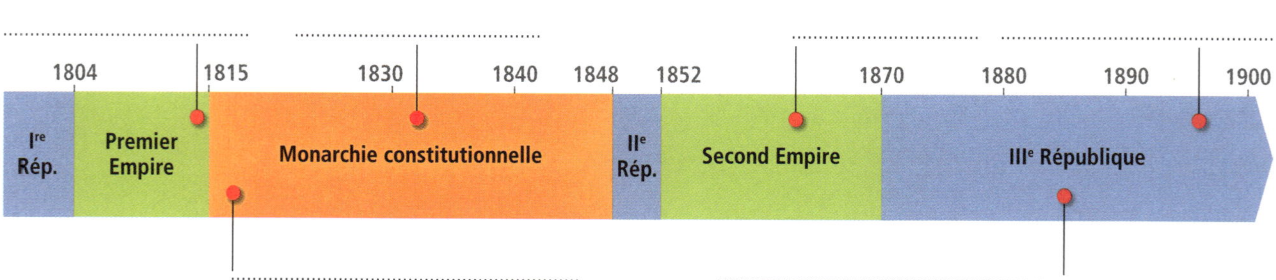

DOC. 3 Les nouveaux transports

B Des bouleversements dans la vie des femmes et des hommes

Lorsque, embarqué sur un bateau à vapeur, on voit les roues de ce bateau, tournant avec une rapidité excessive, fendre avec force les eaux d'un fleuve ou les flots de l'océan, et, sans le secours des voiles, s'avancer contre les courants et les vents contraires ; lorsque, emporté sur les rails d'un chemin de fer, on voit une locomotive, lançant des torrents de vapeur sur son passage, trainer après elle de longs convois pesamment chargés, il s'élève dans notre esprit l'impérieux désir de connaître exactement le mécanisme physique qui donne les moyens d'accomplir toutes ces merveilles.

D'après Louis Figuier, *Les Grandes Inventions modernes dans les sciences, l'industrie et les arts*, 1876.

DOC. 4 **Les effets extraordinaires de la machine à vapeur**

DOC. 5 **La machine à vapeur**

4 **REGARDE LA VIDÉO.** 3 min
En quelle année et par qui a été inventée la machine à vapeur ?

....

5 Surligne, dans le texte, les deux modes de transport transformés par cette invention.

6 Avec quelle énergie découverte au XIXe siècle fonctionnent la plupart des automobiles aujourd'hui ?

....

Trajet	Durée	
	Vers 1830	**Vers 1900**
Londres-Édimbourg	diligence : 45h30	train : 13h45
Paris-Marseille	diligence : 80 heures	train : 14 heures
Londres-New York	voilier : 30 jours	paquebot : 7 jours

DOC. 6 **Évolution du temps de trajet entre 1830 et 1900**

	Diligence en 1798	**Chemin de fer en 1850**
1re classe	136 F	100 F
2e classe	108 F	75 F
3e classe	72 F	50 F

DOC. 7 **Cout du trajet Paris-Toulouse (en francs)**

7 Compare le trajet de Paris à Marseille vers 1830 et vers 1900. Quelles différences remarques-tu ?

....

....

8 Compare le cout du trajet Paris-Toulouse en 1798 et 1850.

Quel moyen de transport coute le plus cher ? ....

À ton avis, pourquoi ? ....

Ce que j'ai retenu

▶ **Comment les nouveaux moyens de transport ont-ils changé le quotidien au XIXe siècle ?**

....

....

11 La naissance des grands magasins

Au XIXe siècle, apparaissent les usines qui produisent des vêtements, des tissus et des biens de toute sorte. En même temps, naissent les grands magasins et la publicité. C'est le début de la société de consommation. Comment les grands magasins transforment-ils le commerce à la fin du XIXe siècle ?

A Les caractéristiques du grand magasin

DOC. 1 **L'intérieur du Bon Marché,** premier grand magasin créé par Aristide Boucicaut en 1838

Émile Zola, grand écrivain du XIXe siècle, a mené une enquête auprès du magasin Au Bon Marché pour écrire l'un de ses romans les plus célèbres.

L'architecte ne s'était servi de la pierre que pour les sous-sols puis avait monté toute l'ossature en fer des colonnes supportant l'assemblage des poutres. C'était la cathédrale du commerce moderne, solide et légère, faite pour un peuple de clientes.

Déjà, voulant éviter la fatigue des étages aux dames délicates, Mouret [*le propriétaire du grand magasin*] avait fait installer deux ascenseurs. Puis, il venait d'ouvrir un buffet, où l'on donnait gratuitement des sirops et des biscuits, et un salon de lecture.

Il créait des rayons pour petits garçons et fillettes, arrêtait les mamans au passage, en offrant aux bébés des images et des ballons.

La grande puissance était surtout la publicité. Pour sa mise en vente des nouveautés d'été, il avait lancé deux cent mille catalogues, dont cinquante mille à l'étranger, traduits dans toutes les langues.

D'après Émile Zola, *Au Bonheur des Dames*, 1883.

DOC. 2 **Le fonctionnement d'un grand magasin**

1 Qui a créé le premier grand magasin ?

....

2 Sur le document ci-dessus, place au bon endroit les légendes suivantes :
① *ampoules électriques*, ② *poteau en fer*, ③ *verrière au plafond*, ④ *clients*.

3 Qu'est-ce qu'un « grand magasin » ? Coche les bonnes réponses.

- ❑ Un magasin où l'on peut acheter n'importe quelle marchandise.
- ❑ Un magasin très grand pour accueillir beaucoup de clients.
- ❑ Un magasin qui vend très peu de choses.

4 Surligne, dans le texte, tout ce que met en place le propriétaire du Bon Marché pour attirer les clients.

B Les vendeurs et les vendeuses

DOC. 3 La galerie des soieries au Bon Marché

5 D'après le document 3, qui vient acheter dans les grands magasins ?

❏ Tout le monde ❏ Des personnes assez riches

6 Entoure les vendeurs et les vendeuses sur le document 3.

7 Pourquoi le métier de vendeuse attire des jeunes filles au XIXe siècle ? Coche les bonnes réponses.

❏ Elles peuvent manger gratuitement au réfectoire.

❏ C'est un travail reposant.

❏ Elles sont logées.

❏ Elles ne travaillent pas le week-end.

Le travail est extrêmement dur, debout 13 heures par jour, à piétiner dans les rayons. Il fallait répondre au moindre souhait de ces dames [*les clientes*]. La vendeuse n'avait pas le droit de s'asseoir.

Au Bon Marché, Boucicaut met en place un système de protection sociale totalement inédit pour l'époque : pas de travail le dimanche et les jours fériés, des congés payés, une caisse de retraite, la présence permanente d'un médecin, un réfectoire gratuit, des chambres disponibles pour les vendeuses.

Monica Burckhardt, *Au Bonheur des Dames, l'invention du Grand Magasin*, 2011

DOC. 4 Le travail des vendeuses

Ce que j'ai retenu

▶ **Quelles nouveautés apportent les grands magasins ?**

....

....

12 Les transformations des campagnes au XIXe siècle

La France est surtout peuplée de paysans au XIXe siècle. Les travaux agricoles ont peu changé depuis le Moyen Âge, mais petit à petit les campagnes se transforment grâce aux progrès techniques. Comment la vie des habitants des campagnes se modifie-t-elle à la fin du XIXe siècle ?

A Le travail dans les campagnes au XIXe siècle

DOC. 1 ***La Paye des moissonneurs,*** Léon Lhermitte, 1882

DOC. 2 ***Coin de vigne,*** Édouard Debat-Ponsan, 1886

1 Observe les deux peintures et complète le tableau.

	Tableau 1	Tableau 2
Nature du document	....	....
Date	....	....
Travail des paysans	....	....

2 Entoure les différents outils utilisés sur chaque peinture : *faux, faucille, panier, charrette.*

3 Quelle annonce le fils fait-il à son père dans ce texte ?

....

4 Pourquoi ?

....

....

Il y a, père, que je m'en vais ! J'en ai assez ! C'est fini ! Je ne veux plus remuer la terre, je ne veux plus soigner les bêtes, je ne veux plus m'éreinter à 27 ans, pour gagner de l'argent qui passe à payer la ferme : voilà ! Ils m'ont accepté dans les chemins de fer. Je commence demain. J'emmène avec moi Éléonore. Elle a trouvé une bonne place, un café dans lequel elle gagnera plus que chez vous.

La Terre qui meurt, René Bazin, 1899.

DOC. 3 **L'exode rural*** : les jeunes quittent la campagne pour habiter en ville

B Les progrès techniques

DOC. 4 **L'utilisation du matériel agricole et de l'engrais,** publicités du XIXe siècle

DOC. 5 **Le transport des marchandises**

5 Sur les publicités, entoure les progrès agricoles suivants : *faucheuse, moissonneuse, tracteur, engrais.*

6 À ton avis, avec quelle énergie fonctionne le tracteur ? Coche la bonne réponse.

❑ essence ❑ électricité ❑ charbon

7 Observe cette affiche. Quel autre progrès a permis l'enrichissement de certains cultivateurs ?

....

....

....

....

Ce que j'ai retenu

▶ **Quelles sont les grandes transformations dans les campagnes au XIXe siècle ?**

....

....

13 La tour Eiffel

HISTOIRE des ARTS

Au début des années 1880, un concours est lancé pour une grande exposition universelle afin de fêter les cent ans de la Révolution française qui approchent. Le projet de Gustave Eiffel est retenu : une tour de plus de 300 mètres de haut, en fer. En quoi la tour Eiffel est-elle un exemple des progrès de l'industrie en France à la fin du XIXe siècle ?

DOC. 1 **Les étapes de construction de la tour Eiffel, inaugurée en 1889**

Quelques infos clés sur la tour Eiffel

- Elle est en fer : un matériau moderne et moins cher que la pierre.
- Elle a été construite en seulement 22 mois : c'est un exploit scientifique.
- Elle mesure aujourd'hui 324 mètres de haut (avec les différentes antennes). À sa construction, c'était la plus haute tour du monde (312 mètres).
- C'est le monument le plus visité au monde avec 7 millions de touristes chaque année.

S
A
LUT
M
O N
D E
DONT
JE SUIS
LA LAN
GUE É
LOQUEN
TE QUESA
BOUCHE
O PARIS
TIRE ET TIRERA
TOU JOURS
AUX A L
LEM ANDS

DOC. 2 *La Tour Eiffel*, calligramme (poème formant un dessin) de Guillaume Apollinaire, 1913-1916

1 Pour fêter quel évènement la tour Eiffel a-t-elle été construite ? ....

2 La tour Eiffel est construite : ☐ en pierre ☐ en bois ☐ en fer ☐ en béton

3 Quels sont les avantages de ce nouveau matériau de construction ?

....

4 Quelle est la forme du poème d'Apollinaire ? ....

Ce que j'ai retenu

▶ **Que révèle la tour Eiffel sur les progrès industriels au XIXe siècle ?**

....

....

LEÇON À MANIPULER

L'âge industriel (1)

Réviz' QUIZ

1 Fabrique ton mémo. p. 57

	Le cinéma.	Les vendeuses et vendeurs dans les grands magasins.	
	La machine à vapeur.	Le XIXe siècle.	
	Au Bon Marché.	Les habitants des campagnes quittent leur village pour venir travailler en ville.	
	Le chemin de fer.	Les grands magasins.	

2 Complète le tableau avec les mots à découper. p. 57

	Avant 1800	Après 1800
Je voyage		
Je m'éclaire		
Je m'achète des fleurs ou des vêtements		

3 Complète la frise chronologique en plaçant chacune des inventions et leur photo au bon endroit : p. 57

la locomotive (1814), le tramway (1832), le vélo (1817), le métro (1863), l'automobile à essence (1885), le premier vol en avion (1896).

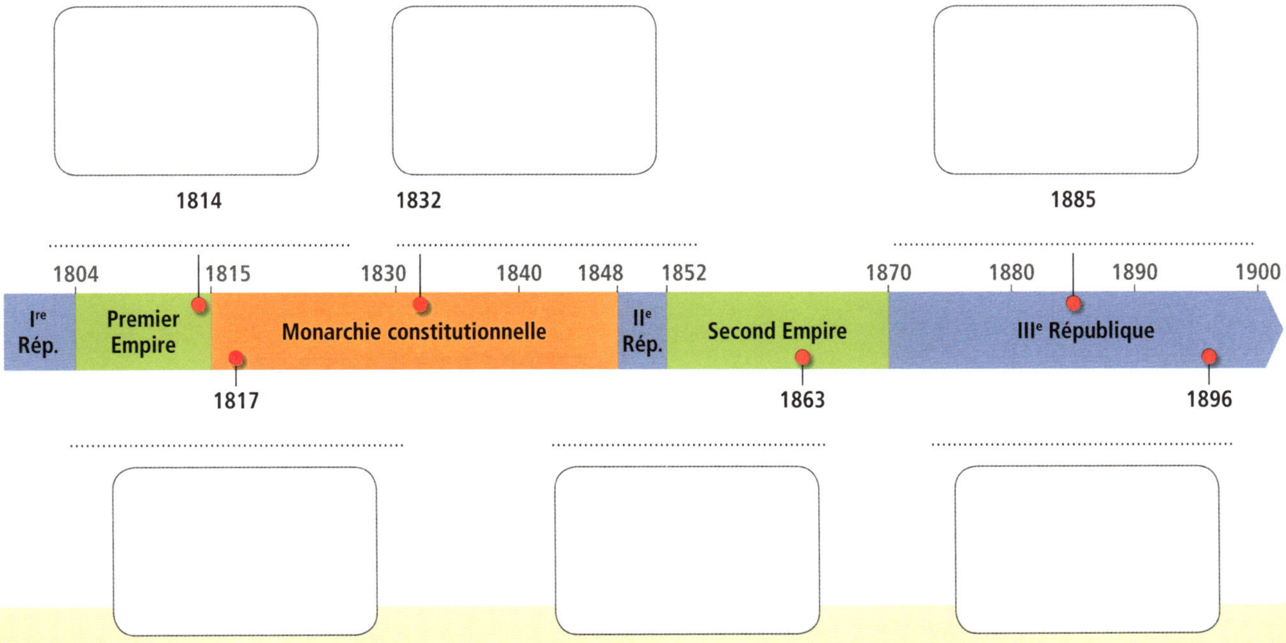

14 Avoir 10 ans au XIXe siècle en France

AVOIR 10 ANS sous...

Au XIXe siècle, la plupart des enfants travaillent dans les champs, dans les usines ou dans les mines pour gagner de l'argent et aider leurs parents. Comment vivaient les enfants travaillant dans les mines au XIXe siècle ?

A La vie quotidienne des enfants au XIXe siècle

DOC. 1 **La vie quotidienne d'enfants au milieu du XIXe siècle,** images extraites du film *Germinal*, réalisé par Claude Berri, 1993

1 REGARDE LES DEUX VIDÉOS. 5 min

Complète le tableau suivant.

	Famille ouvrière	**Famille bourgeoise***
La maison (taille, décoration, meubles...)		
Les habits		
Le nombre d'enfants		
Le moyen de transport		
Les repas (comparer les petits-déjeuners)		

B Une vie difficile pour les enfants dans les mines

① **Le pousseur :** il pousse un wagonnet de charbon.

② **Le porteur de lampes**

③ **Le mineur :** il aide les adultes à remplir les wagons

DOC. 2 Le travail des enfants dans la mine

Nom et prénom	Âge	Métier	Causes du décès
Claude Moulin	10 ans	Mineur	Explosion dans la mine
Jeanne Mazenod	10 ans	Mineur	Chute dans un puits de la mine
Jean Meunier	10 ans	Mineur - pousseur	Chute dans un puits de la mine
Jean-Claude Michalon	11 ans	Mineur - pousseur	Éboulement
Sarah Pitiot	11 ans	Mineur	Chute dans un puits de la mine
Claude Buisson	11 ans	Mineur - pousseur	Écrasé par un wagonnet

DOC. 3 Les accidents du travail dans les mines, mines du Forez

2 Coche les bonnes réponses.

	Vrai	Faux
Le document présente 6 filles et garçons.	❑	❑
Les enfants sont âgés de 10 et 11 ans.	❑	❑
Ils vont tous à l'école.	❑	❑
Ils sont morts d'accidents du travail.	❑	❑
Plusieurs sont morts suite à une chute dans la mine.	❑	❑

3 Souligne en rouge la date de la loi qui permet aux enfants de moins de 8 ans de ne plus travailler.

4 À partir du 22 mars 1841, un enfant de 10 ans peut-il travailler 10 heures par jour ?

....

1813 : interdiction aux enfants de moins de 10 ans de descendre dans les mines.

Loi du 22 mars 1841 : le travail est interdit avant 8 ans. De 8 à 12 ans : 8 heures par jour, maximum. De 12 à 16 ans : 12 heures par jour, maximum.

Loi du 19 mai 1874 : l'emploi des enfants de moins de 12 ans est interdit.

Loi du 30 mars 1900 : durée du travail limitée à 10 heures 1/2 par jour pour les moins de 18 ans et les femmes, à 10 h par jour pour tous à partir de 1904.

Loi du 13 juillet 1906 : le repos hebdomadaire est rendu obligatoire.

DOC. 4 Des lois pour améliorer les conditions de travail

5 À ton avis, quel jour de la semaine devient le jour de repos en 1906 ?

....

Ce que j'ai retenu

▶ **Explique en quoi la vie des enfants dans les mines est difficile au XIXe siècle.**

....

....

15 Les transformations des villes au XIXe siècle

Au début du XIXe siècle, les villes comme Paris sont sombres, sales, étroites, surpeuplées et vulnérables aux épidémies. Quels changements le baron Haussmann, préfet de Paris, a-t-il apportés à la capitale ?

A Paris avant et après Haussmann

DOC. 1 L'Opéra Garnier avant les travaux, en 1862

DOC. 2 L'Opéra Garnier après les travaux, en 1890

La ville de Paris au milieu du XIXe siècle ressemble à celle de 1789. Des rues étroites, sombres, sales, qui sont mal éclairées. Dans la grande majorité des maisons, il n'y a pas d'eau à l'étage. Le porteur d'eau doit l'apporter aux divers appartements.

D'après Georges Pradalié, *Le Second Empire*, Que sais-je, PUF, 1969.

DOC. 3 Paris avant 1853

1 Coche la bonne réponse à chaque fois.

	Vrai	Faux
Le document 1 montre la place de l'Opéra Garnier avant les travaux.	❑	❑
Le document 2 montre le quartier de l'Opéra Garnier aujourd'hui.	❑	❑
Le document 2 montre une large avenue devant l'Opéra.	❑	❑

2 À quoi ressemble Paris avant les travaux du baron Haussmann ?

❑ des rues larges ❑ des rues étroites ❑ une vue dégagée
❑ de nouveaux bâtiments en pierre ❑ des vieux bâtiments ❑ des rues sombres

3 À quoi ressemble Paris après les travaux du baron Haussmann ?

❑ des rues larges ❑ des rues étroites ❑ une vue dégagée
❑ de nouveaux bâtiments en pierre ❑ des vieux bâtiments ❑ des rues sombres

B Le nouveau Paris

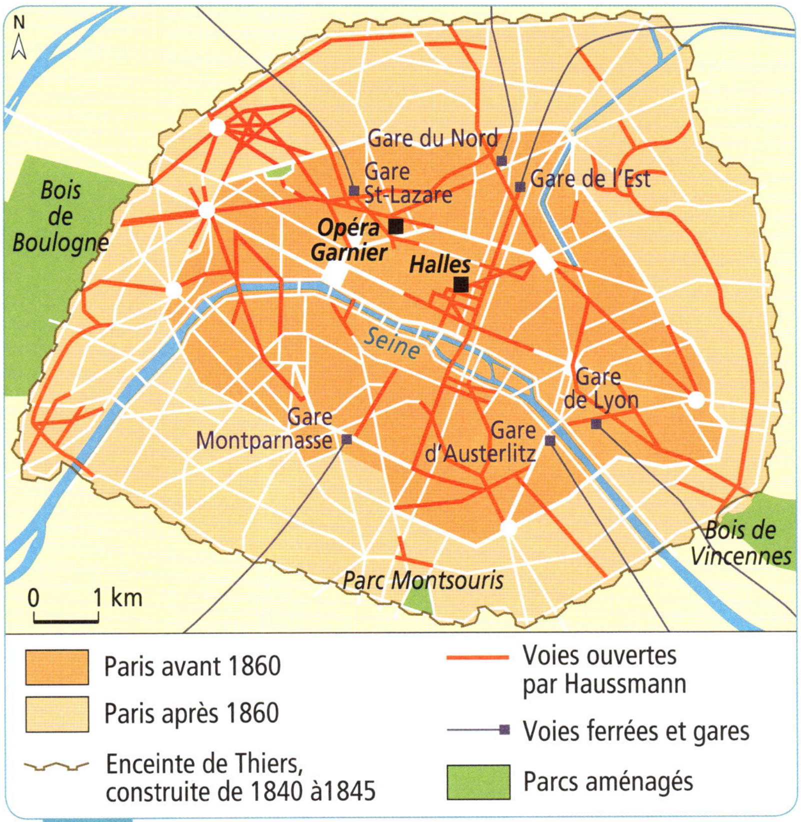

DOC. 4 **Plan des transformations réalisées par Haussmann**

4 Entoure l'opéra Garnier sur la carte.

5 La taille de la ville de Paris a-t-elle changé ?

....

....

De douze arrondissements la ville de Paris passe à vingt grâce à Haussmann. Les bois de Boulogne et de Vincennes sont aménagés. On achète le parc Monceau, on crée les parcs des Buttes-Chaumont et de Montsouris. La ville est couverte de squares. L'eau arrive dans les appartements, des nouveaux égouts sont créés. De larges avenues permettent d'accéder aux gares et aux divers monuments comme l'Opéra et le Louvre.

Mais ces travaux ne font pas que des heureux : les ouvriers ne peuvent pas se loger dans les nouveaux appartements dont les loyers sont trop chers. Ils sont rejetés dans la banlieue.

D'après Georges Pradalié, *Le Second Empire*, Que sais-je, PUF, 1969.

DOC. 5 **Les transformations de Paris excluent les plus pauvres**

6 Quel nouveau moyen de transport peuvent utiliser les Français pour se rendre à Paris ?

....

7 Souligne, dans le texte, trois améliorations apportées au quotidien des Parisiens après les travaux du baron Haussmann.

8 Qui sont les Parisiens mécontents de ces travaux ?

....

9 Pourquoi ?

....

....

Ce que j'ai retenu

▶ **Comment la ville de Paris a-t-elle changé au XIXe siècle ?**

....

....

....

16 La ville industrielle dans les arts

HISTOIRE des ARTS

Au XIXe siècle, l'utilisation du métal, et notamment du fer, transforme l'architecture. De nombreuses usines et des gares sont construites. Comment les transformations industrielles sont-elles représentées par les artistes ?

DOC. 1 ***La Gare Saint-Lazare***, Claude Monet, 1877

1 Dans la légende du document, souligne le nom du peintre, entoure le nom du tableau et encadre la date.

2 Place au bon endroit les mots suivants :
(1) *locomotive entrant en gare*
(2) *fumée*
(3) *toit de verre*
(4) *poteau en fer*
(5) *voyageurs*
(6) *immeubles haussmanniens*

Monet a exposé cette année des intérieurs de gares superbes. On y entend le grondement des trains qui s'engouffrent, on y voit des débordements de fumée qui roulent sous les vastes hangars. Là est aujourd'hui la peinture. Nos artistes doivent trouver la poésie des gares, comme leurs pères ont trouvé celle des forêts et des fleuves.

Notes parisiennes - Une exposition : les peintres impressionnistes, 1877

DOC. 2 L'avis du romancier Émile Zola

3 Selon Émile Zola, quelle impression peut-on ressentir à la vue de ce tableau ?

....

....

4 Et toi, aimes-tu ce tableau impressionniste* ? Explique pourquoi.

....

....

Ce que j'ai retenu

▶ **Quelle image Monet a-t-il de la ville industrielle ?**

....

....

LEÇON À MANIPULER

Réviz' QUIZ

L'âge industriel (2)

1 **Fabrique ton mémo.** p. 59

	La tour Eiffel.	Je suis Claude Monet.	
	Je suis un enfant dans une famille bourgeoise.	Des grandes avenues, de nouveaux immeubles en pierre, des égouts…	
	Je suis un enfant dans une famille d'ouvriers.	Les gares.	
	Je suis le baron Haussmann.	L'électricité.	

2 **Complète cette carte mentale avec les photos à coller.** p. 59

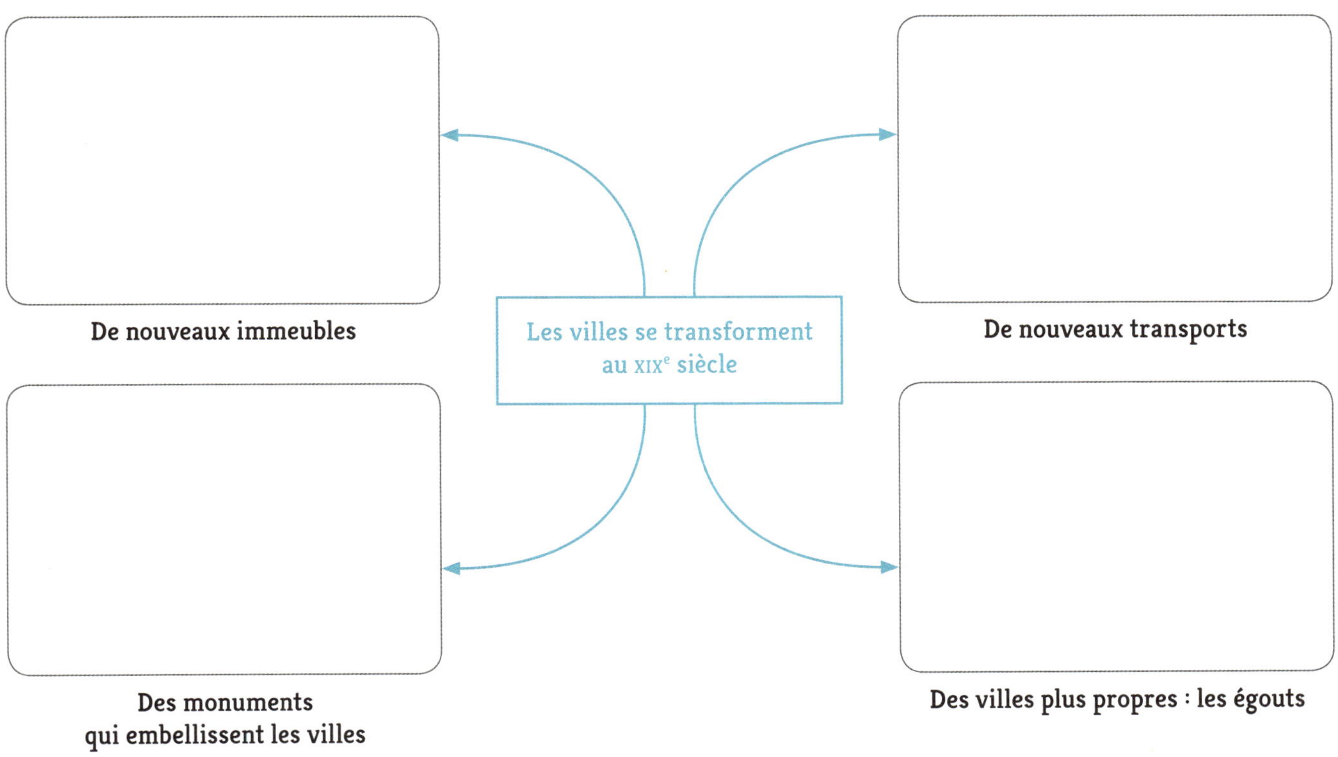

3 **Écris au bon endroit les événements historiques suivants :**
loi d'interdiction du travail des enfants de moins de 8 ans, transformations de Paris par le baron Haussmann, inauguration de la tour Eiffel.

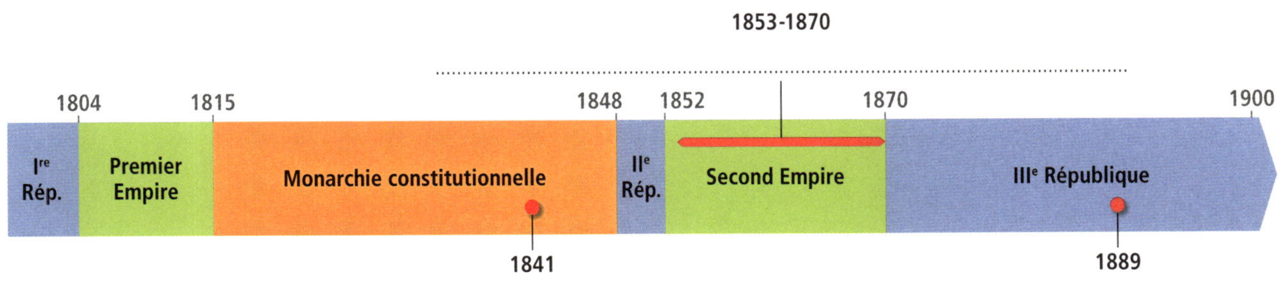

17 Les traces de la Première Guerre mondiale en France

TRACES

La Première Guerre mondiale a été un conflit d'une grande violence avec plus de 18 millions de morts et des destructions innombrables. Quelles sont les traces de cette guerre autour de nous ? Que nous apprennent-elles sur la Première Guerre mondiale ?

A Des lieux de mémoire

DOC. 1 Monument aux morts

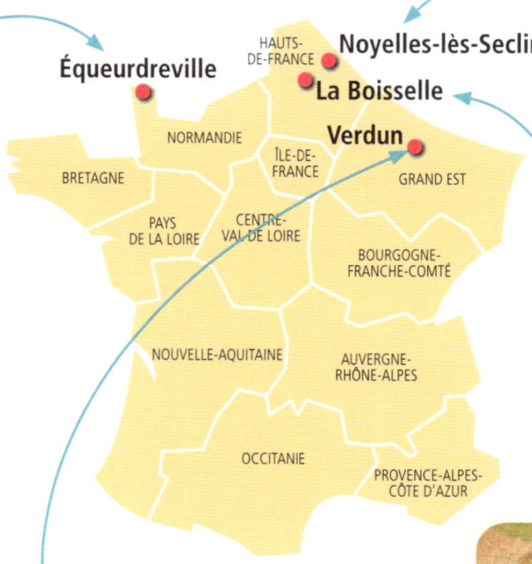

DOC. 2 Monument aux morts

DOC. 3 Les tranchées de Verdun

DOC. 4 **Trou de mine** après l'explosion souterraine de 35 tonnes d'explosifs

1 À ton avis, à quoi sert un monument aux morts ?

....

....

2 Qu'est-ce que ces traces du passé nous apprennent sur la guerre ?

....

....

3 À ton avis, pourquoi a-t-on conservé ces traces du passé ?

....

....

B Un jour férié et une cérémonie : le 11 novembre

10 Centimes - Paris et Départements - 10 Centimes

LA LIBERTÉ

JOURNAL DE PARIS, INDÉPENDANT, POLITIQUE, LITTÉRAIRE & FINANCIER

L'ARMISTICE EST SIGNÉ

Programme de Clemenceau : « Je fais la guerre ! » En un an moins six jours il a gagné la Victoire et la Paix.

Vive la France !

(OFFICIEL). -- L'armistice a été signé ce matin, à 6 heures. Les hostilités ont été suspendues à 11 heures.

TOUTES LES CONDITIONS sont acceptées

Le maréchal Foch à l'Élysée

Félicitations des ministres à M. Clemenceau

L'enthousiasme dans Paris

CRIMINELS JUSQU'AU BOUT !

Derniers Bulletins DE VICTOIRE

GUILLAUME LE DÉSERTEUR

L'arrivée en Hollande DU CI-DEVANT KAISER

DOC. 5 Une du journal *La Liberté* du 11 novembre 1918

DOC. 6 Le président de la République Emmanuel Macron le 11 novembre 2017 devant la tombe du soldat inconnu sous l'Arc de Triomphe à Paris

4 Que s'est-il passé le 11 novembre 1918 ?

....

5 Comment cet évènement historique est-il commémoré en France ?

....

....

6 Fais une petite recherche sur le monument aux morts de ta commune ou de la commune voisine et complète la fiche ci-dessous.

Tu peux utiliser le site suivant pour ta recherche : monumentsmorts.univ-lille.fr

Nom de la commune

....

Description

....

....

....

Message délivré par ce monument

....

....

Colle ici une photo du monument aux morts.

Ce que j'ai retenu

▶ **Quelles traces de la Première Guerre mondiale peux-tu citer ?**

....

....

18 La Première Guerre mondiale (1914-1918)

La Grande Guerre (1914-1918) a mobilisé plus de 70 millions de soldats et des dizaines de pays pendant plus de quatre années. Elle a causé la mort de plus de 18 millions de personnes. Quelles sont les grandes caractéristiques de cette guerre ? Pourquoi est-ce une guerre vraiment différente des guerres précédentes ?

A Une guerre mondiale d'une grande violence

DOC.1 **Deux alliances face à face**

1 Complète la frise chronologique de ton cahier en plaçant au bon endroit le début et la fin de la Première Guerre mondiale. => Frise

2 À quelle alliance appartient la France ?

....

....

Et l'Allemagne ? ....

....

....

3 Qu'est-ce qui te permet de dire que ce n'est pas qu'une guerre « européenne », mais aussi une guerre mondiale ?

....

....

4 Replace sous les images le nom de ces armes : *un obus*, *une mitrailleuse*, *une attaque au gaz*, *un avion de combat*.

....

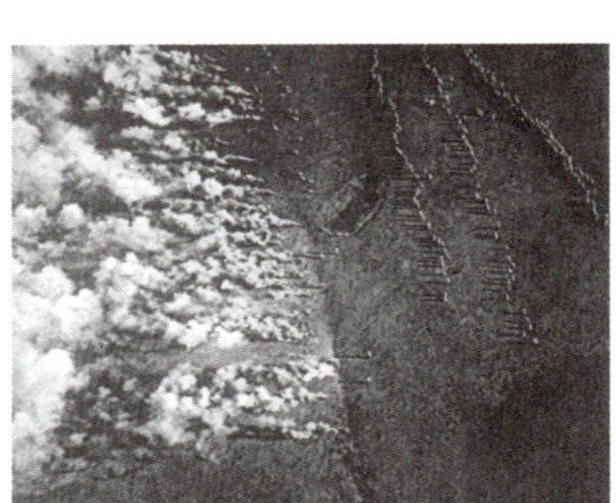

....

....

....

B Une guerre totale

DOC. 2 Les enfants mobilisés, affiche, 1916

DOC. 3 Ouvrières dans une usine de fabrication d'obus, 1915

Les animaux ont aussi fait la guerre ! Plus de **11 millions de chevaux**, plus de **100 000 chiens** et plus de **200 000 pigeons** ont été utilisés par les armées pour transporter du matériel, porter des messages ou surveiller l'ennemi.

5 Qui participe à la guerre ? De quelle façon ? Complète le tableau.

les poilus	Les femmes	les enfants	Les animaux
Ils combattent sur le front	Travaillent dans les usines d'armement	Ils doivent se priver comme leurs parents pour la victoire de leur pays	11 millions de chevaux 100 000 chiens 200 000 pigeons

6 À ton avis, pourquoi dit-on que la Première Guerre mondiale est une guerre totale* ?

La mobilisation humaine et sans précédent sur le front et en arrière au niveau de l'impli-cation des civiles

7 **REGARDE LA VIDÉO.** 2 min

Donne le nom et la date de l'évènement qui marque la fin de la Première Guerre mondiale.

L'armistice qui marque la fin de la Guerre mondiale le 11 novembre 1918

DOC. 4 La signature de l'armistice

Ce que j'ai retenu

▶ **Explique pourquoi la Première Guerre mondiale est une guerre :**

- mondiale : car il y a beaucoup de pays qui entre en Guerre.
- totale : Toutes les familles se mobilise ainsi que les animaux.
- violente : La Guerre est violent parce que il y a eu 18 millions de mort.

19 La guerre des tranchées : la bataille de Verdun

Le 21 février 1916, les Allemands tentent de franchir les lignes françaises à Verdun. La bataille va durer plus de dix mois et faire plus de 1 000 morts par jour. Pourquoi parle-t-on de « l'enfer de Verdun » ? Quelle a été la vie des soldats dans les tranchées durant cette bataille ?

A La violence des combats

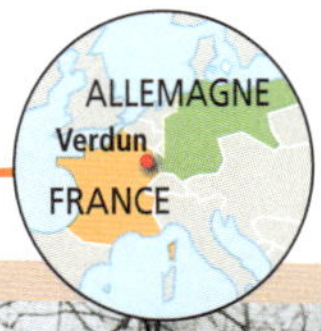

1 **REGARDE LA VIDÉO sur la bataille de Verdun.** 1'30

Quelle est la date de la bataille ? ....

Qui attaque la France ? ....

Quel a été le nombre d'obus tirés le premier jour ?

....

Quelles sont les armes utilisées ? ....

....

DOC. 1 La bataille de Verdun

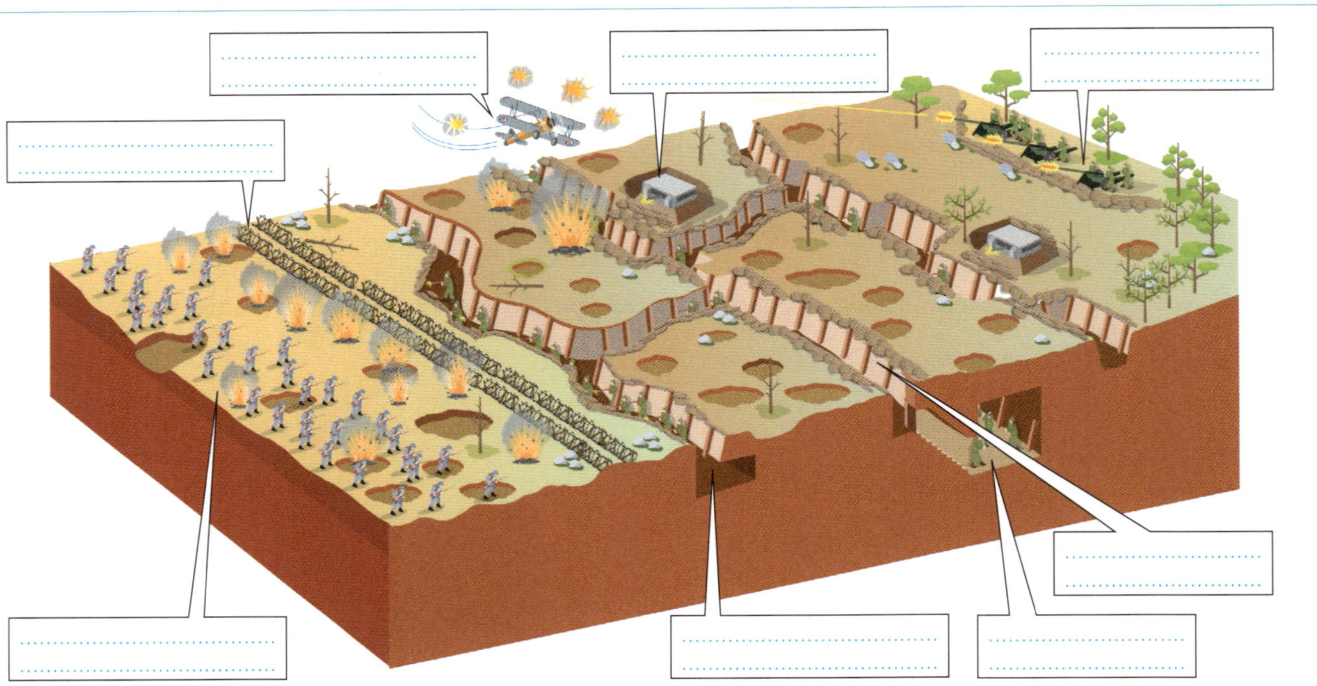

DOC. 2 La zone des combats (le front)

2 Complète ce schéma de la zone des combats (le front) avec les mots en gras :
barbelés *pour freiner les soldats ennemis ;* ***mitrailleuses*** *cachées dans des abris bétonnés ;* ***tranchée de première ligne*** *où les soldats montent la garde ;* ***tranchée de deuxième ligne*** *;* ***abri*** *souterrain ;* ***no man's land*** *: zone d'attaque qui sépare les deux camps ;* ***canons*** *pour lancer les obus ;* ***avions*** *pour observer et assister l'artillerie.*

B La vie des poilus dans les tranchées

DOC. 3 Des soldats français dans une tranchée

DOC. 4 Un poilu

3 Observe la photographie et explique ce qu'est une tranchée.

....

....

4 Décris l'équipement du poilu*. ....

....

DOC. 5 Un poilu écrivant dans une tranchée

Mes chers parents,
Je suis encore vivant et en bonne santé, pas même blessé alors que tous mes camarades sont tombés morts ou blessés aux mains de boches* qui nous ont fait souffrir les mille horreurs, liquides enflammés, gaz lacrymogènes, gaz suffocants, asphyxiants, attaques... Je ne suis qu'un bloc de boue et j'ai dû faire racler mes vêtements avec un couteau car je ne pouvais plus me trainer. J'ai sommeil, je suis plein de poux, je pue la charogne des macchabées**.

© *Paroles de poilus*, Librio, 1998

*surnom péjoratif donné aux soldats allemands par les Français.
**cadavres.

DOC. 6 **Une lettre de poilu,** Verdun, 15 juillet 1916

5 Souligne en bleu dans le texte les phrases qui montrent la violence des combats et en rouge les phrases qui montrent les difficultés de la vie quotidienne des poilus dans les tranchées.

Ce que j'ai retenu

▶ **Explique pourquoi la vie des poilus est difficile dans les tranchées.**

....

....

20 Le bilan de la Première Guerre mondiale

La Première Guerre mondiale a causé la mort de plus de 18 millions de personnes et a dévasté des régions entières. Quel est le bilan humain de cette guerre ? La France a-t-elle beaucoup souffert ? Comment a-t-on fait pour reconstruire le pays ?

A Un bilan catastrophique

DOC.1 La ville de Reims en 1915

1 Décris ce que tu observes sur cette photographie.

....

....

....

....

2 Quels sont tes sentiments à la vue de cette image ?

....

....

....

Quelques chiffres

Le bilan humain en France

- 1,4 million de soldats tués
- 4,3 millions de soldats blessés
- 300 000 civils tués
- 400 000 invalides et mutilés de guerre
- 600 000 veuves de guerre
- 1 million d'orphelins

Le bilan matériel en France

- 450 000 logements détruits
- 22 900 usines détruites
- 58 700 km de routes et 3 000 km de voies ferrées inutilisables
- 1,9 million d'hectares de terre impropres à la culture

3 Quel est le nombre total de morts en France à cause de la Première Guerre mondiale ?

....

4 Souligne en rouge le nombre de soldats français tués.

5 Les civils* ont-ils également souffert de la guerre ? Souligne en bleu les chiffres qui l'indiquent.

B La reconstruction de la France

DOC. 2 **Affiche demandant aux Français de prêter de l'argent.**

DOC. 3 **La bibliothèque Carnegie de Reims,** reconstruite en 1928

La reconstruction de Reims avance très rapidement entre 1920 et 1925. Sont employés jusqu'à 24 000 ouvriers, appartenant à 45 nations différentes, les plus nombreux étant les Belges, suivis des Italiens, des Portugais et des Espagnols.

La reconstruction commence par la restauration du patrimoine ancien de la ville, comme la cathédrale, quand il n'a pas été totalement détruit par les bombardements. Deux réalisations nouvelles sont financées par l'aide américaine : l'Hôpital américain, destiné aux enfants, édifié grâce à des dons venant de familles américaines ayant perdu l'un des leurs sur le front, ainsi que la bibliothèque Carnegie, entièrement financée par la Fondation Carnegie pour la paix internationale.

D'après www.reims.fr

DOC. 4 **La reconstruction de Reims**

6 D'après les documents, d'où provient l'argent qui permet de reconstruire les villes ?

❑ des mécènes ❑ de l'État ❑ des pays vaincus

❑ de prêts de la population ❑ des mairies ❑ des ONG (organisations non gouvernementales)

7 De quels principaux pays viennent les ouvriers qui ont participé à la reconstruction de la ville de Reims ?

• .... • .... • .... • ....

8 Donne trois changements apportés à la ville de Reims grâce à la reconstruction.

• ....

• ....

• ....

Ce que j'ai retenu

▶ **Comment la France est-elle marquée par la Première Guerre mondiale ?**

....

....

....

21 La bataille de la Somme

HISTOIRE des ARTS

La bataille de la Somme opposant les armées britanniques et françaises aux forces allemandes a été la plus sanglante de la Première Guerre mondiale. Le 1er juillet 1916 est la journée la plus meurtrière, faisant près de 20 000 morts dans le camp britannique. Comment la violence de la guerre est-elle représentée par les artistes ?

DOC. 1 **La Grande Guerre, le premier jour de la bataille de la Somme,** Joe Sacco, 2014

Joe Sacco, auteur de BD reportage et journaliste américain, a réalisé une longue frise de 7 mètres de long.
Elle est inspirée de la tapisserie de Bayeux, réalisée au XIe siècle, qui raconte l'invasion de l'Angleterre par les Normands.

1 Écris :

- le titre de cette bande dessinée : ....

....

- le nom de son auteur : ....

- l'année de sa réalisation : ....

2 De quelle célèbre œuvre d'art s'inspire cette bande dessinée ?

....

3 De quelle nationalité sont les soldats représentés ? ....

Contre qui se battent-ils ? ....

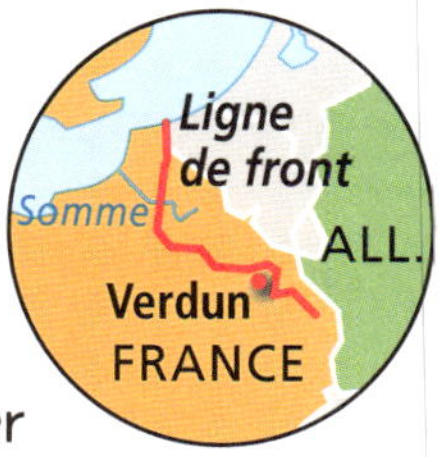

4 Place les lettres suivantes au bon endroit sur l'image.

Ⓐ Un soldat anglais Ⓑ L'explosion d'un obus Ⓒ Une tranchée Ⓓ Un brancardier

5 Encadre le détail qui t'impressionne le plus et décris la scène.

....

....

....

....

....

....

....

La Première Guerre mondiale

Réviz' QUIZ

1 Fabrique ton mémo. p. 59

	1914-1918.	La signature de l'armistice a mis fin à la Première Guerre mondiale.	
	Elle touche et mobilise toutes les catégories de la population.	Elle engage des pays de tous les continents.	
	C'est une guerre durant laquelle les soldats se protègent dans des fossés.	C'est un lieu pour se souvenir et commémorer les soldats morts pour la France.	
	Les poilus.	La bataille de Verdun et la bataille de la Somme.	

2 Découpe et colle au bon endroit les six photographies. p. 59

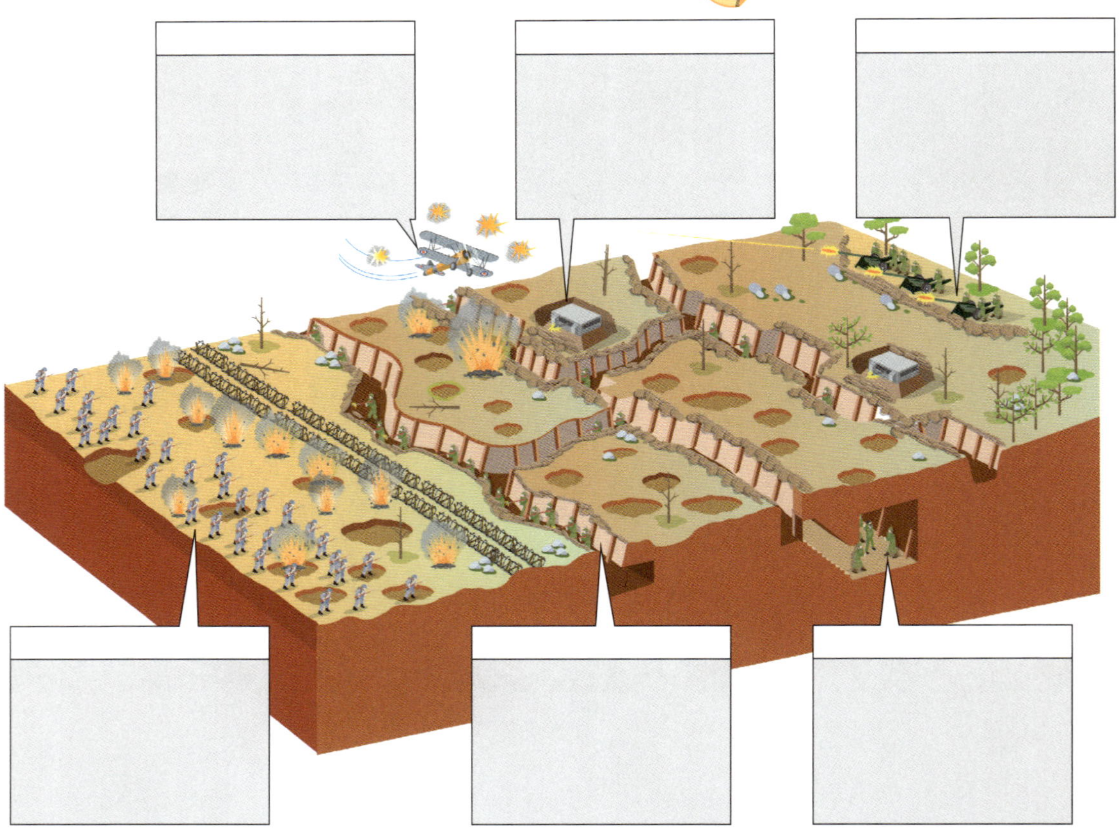

3 Écris au bon endroit les évènements et les périodes historiques suivants :

la Première Guerre mondiale, la Seconde Guerre mondiale, l'armistice, XXᵉ siècle, XXIᵉ siècle

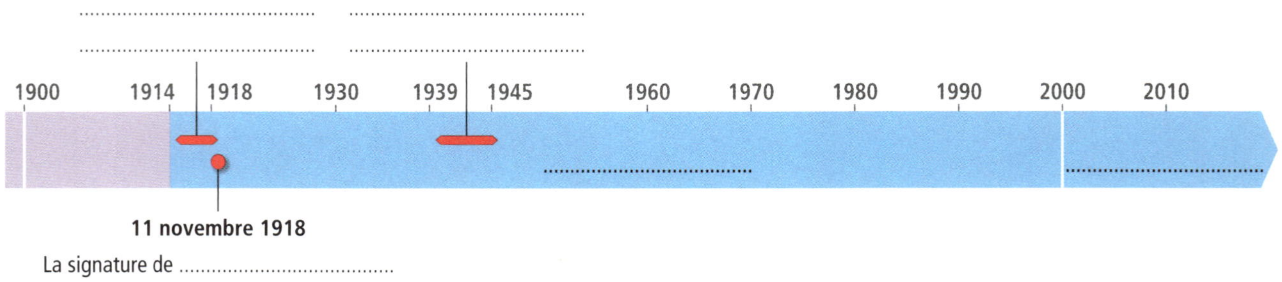

22 Les traces de la Seconde Guerre mondiale en France

TRACES

La Seconde Guerre mondiale a également été un conflit d'une grande violence, avec plus de 62 millions de morts et des destructions innombrables. Quelles sont les traces de cette guerre autour de nous ?

DOC. 1 Le cimetière militaire de Colleville-sur-Mer

DOC. 2 Un blockhaus

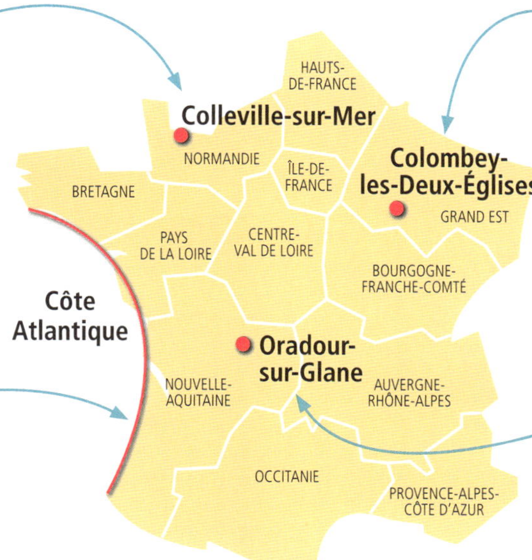

DOC. 3 Le mémorial de Colombey-les-deux-Églises célébrant l'action de la Résistance et du général de Gaulle

DOC. 4 Le village d'Oradour-sur-Glane où 642 civils ont été assassinés par les Allemands

DOC. 5 La commémoration* du 8 mai 1945, Saint-Gervais (Auvergne-Rhône-Alpes)

1 Entoure, en rouge, un lieu qui montre que la guerre a été violente pour les militaires et, en bleu, pour les civils.

2 À ton avis, pourquoi n'a-t-on pas voulu faire disparaitre ces traces du passé ?

....

3 Quel jour de l'année commémore-t-on la fin de la Seconde Guerre mondiale ?

....

4 D'après le document 5, comment cet évènement historique est-il commémoré ?

....

....

Ce que j'ai retenu

▶ **Nomme au moins deux traces laissées par la Seconde Guerre mondiale en France.**

- ....
- ....

23 La Seconde Guerre mondiale (1939-1945)

La Seconde Guerre mondiale est la guerre la plus violente et la plus meurtrière de toute l'histoire du monde. Qui en est responsable ? Comment s'est-elle déroulée ?

A Une guerre mondiale

DOC.1 Les causes de la guerre

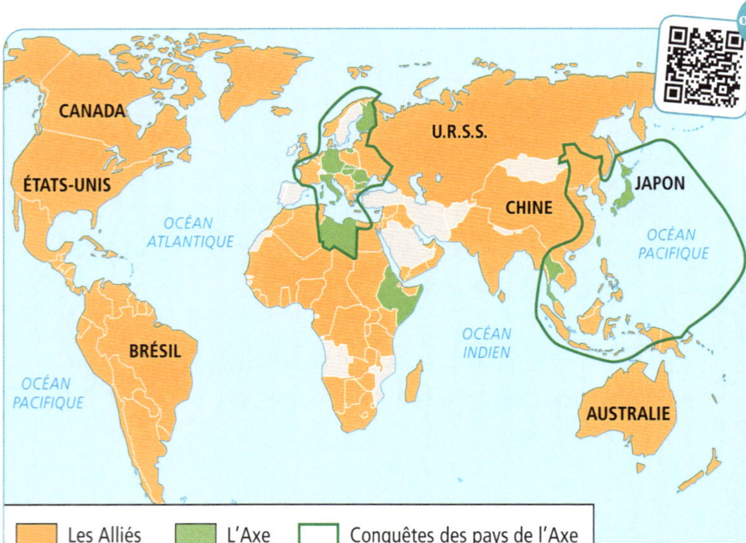

DOC.2 Deux grandes alliances face à face

1 **REGARDE LA VIDÉO.** 1'40 min
Complète.

Frise
- Dates de début et de fin de la Seconde Guerre mondiale : ....
- Nom du responsable du déclenchement de la guerre en Europe : ....
- Nom du pays qu'il dirige : ....
- Année de son arrivée au pouvoir : ....
- Raisons de son désir de guerre :

....

L'Axe

Adolf Hitler, chancelier de l'Allemagne

Hiro Hito, empereur du Japon

Les Alliés

Joseph Staline, dirigeant de l'URSS

Franklin Roosevelt, président des États-Unis

2 Complète le tableau à l'aide des documents.

	L'Axe		Les Alliés	
Pays	....	....	....	....
Nom du dirigeant	....	....	....	....
Fonction du dirigeant	....	....	....	....

3 Qu'est-ce qui permet de dire que cette guerre est mondiale ?

....

B Une guerre totale d'une extrême violence

DOC. 3 **Entrée du camp d'Auschwitz (Pologne)** où 960 000 Juifs et 21 000 Tsiganes ont été assassinés

DOC. 4 **La ville d'Hiroshima (Japon) après l'explosion de la bombe atomique** lancée par les Américains sur le Japon le 6 aout 1945, faisant 80 000 morts sur le coup

DOC. 5 **La plage d'Omaha Beach (France) après le débarquement américain** du 6 juin 1944

Quelques chiffres

- 62 millions de morts, dont 25 millions de militaires et 37 millions de civils
- 6 millions de Juifs et 220 000 Tsiganes morts exterminés
- 600 000 Français tués dont 200 000 militaires et 400 000 civils

MARDI 8 mai 1945

COMBAT

DE LA RÉSISTANCE À LA RÉVOLUTION

DERNIÈRE ÉDITION

TOUTES LES AGENCES ALLIÉES ANNONCENT :

L'ALLEMAGNE A CAPITULÉ SANS CONDITIONS HIER A 2 h. 41

L'acte de reddition a été signé à Reims

A BERCHTESGADEN les vainqueurs vident les bouteilles du Führer

Le successeur de Von Ribbentrop annonce aux Allemands LA DÉFAITE DU REICH

EN BOHÊME Schœrner n'accepte pas la capitulation

La proclamation de la victoire

Léon BLUM DALADIER, REYNAUD GAMELIN ET WEYGAND SONT LIBÉRÉS

Des "collaborateurs" de marque sont ramenés au Bourget... en avion

Le premier ministre polonais de Varsovie traite d'« aventuriers » les ministres polonais de Londres

DOC. 6 La fin de la guerre

4 En quoi la Seconde Guerre mondiale a-t-elle été très violente ? Donne deux exemples.

- ....
- ....

5 Que s'est-il passé le 6 juin 1944 ? ....

6 Que s'est-il passé le 8 mai 1945 ?

....

....

Ce que j'ai retenu

▶ **Explique pourquoi la Seconde Guerre mondiale est une guerre :**

- mondiale : ....
- totale : ....
- violente : ....

24 La Seconde Guerre mondiale en France

En mai-juin 1940, la France perd la guerre contre les Allemands en cinq semaines. C'est un désastre. Les Allemands occupent la France. Les Français vont-ils résister ou collaborer ? Quelle sera leur vie quotidienne sous l'Occupation allemande ?

A La Collaboration et la Résistance

DOC. 1 **L'appel du 18 juin 1940** : Charles de Gaulle, général français, parle depuis Londres à la radio anglaise, la BBC.

DOC. 2 **Le maréchal Pétain,** chef de l'État français, rencontre le chancelier allemand Adolf Hitler, le 24 octobre 1940.

1 **ÉCOUTE** l'appel du 18 juin 1940. 2 min
Complète ce tableau.

Date de cet appel	....
Lieu de l'appel	....
Média utilisé	....
Que demande le général de Gaulle aux Français ?	....

2 Souligne en bleu, dans le document 2, le nom du nouveau chef de l'État français et en rouge le nom du chancelier allemand. À ton avis, pourquoi ces deux hommes se serrent-ils la main ?

....

3 Place ces mots au bon endroit dans le texte suivant : *Pétain, résister, de Gaulle, collaborer.*

Le général .... appelle les Français à ...., tandis que le maréchal .... pousse les Français à .... avec les Allemands.

B L'Occupation

DOC. 3 **La descente vers les abris et les difficultés de ravitaillement,** dessins d'enfants, 1939 et 1941

4 Observe ces dessins d'enfants et réponds aux questions suivantes.

a. À ton avis, pourquoi les Français descendent-ils aux abris en pleine nuit ?

....

b. Quels sont les produits qui manquent le plus aux Français ? Pour quelles raisons selon toi ?

....

....

5 Qui libère Paris de la présence allemande ? Coche les bonnes réponses.

- ☐ les Américains
- ☐ les troupes françaises du général Leclerc
- ☐ les Allemands
- ☐ Le maréchal Pétain

6 Quel jour a été prise la photographie de la libération de Paris ?

....

DOC. 4 **La libération de Paris** : les troupes américaines et la 2e division blindée du général Leclerc défilent sur les Champs-Elysées à Paris le 25 aout 1944.

Ce que j'ai retenu

▶ **Explique quelles ont été les différentes attitudes des Français après la défaite de 1940.**

....

....

....

25 Le génocide des Juifs et des Tsiganes

AVOIR 10 ANS SOUS...

Durant la Seconde Guerre mondiale, l'Allemagne nazie* a mis en œuvre un programme pour assassiner les Juifs et les Tsiganes d'Europe, considérés par eux comme des êtres inférieurs. Qu'est-il arrivé à Francine Christophe et à Ceija Stojka, deux enfants de 8 et 10 ans, après leur arrestation ?

A La vie d'une enfant juive et d'une enfant tsigane sous l'Occupation

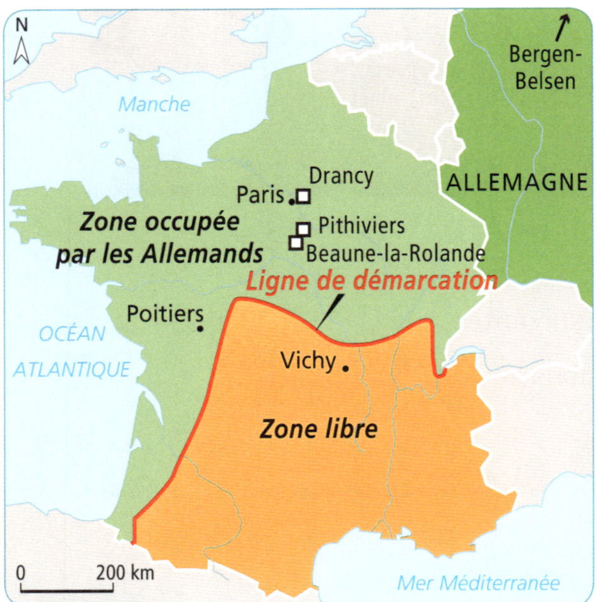

DOC. 1 La France sous l'Occupation

DOC. 2 Francine Christophe et sa mère

DOC. 3 Ceija Stojka

1 **REGARDE LES VIDÉOS des récits :**

- de Francine Christophe ; 6'30 min
- de Ceija Stojka. 4 min

Complète les tableaux.

Francine Christophe	
Quelle est sa nationalité ? Quelle est sa religion ?	
Donne trois interdictions faites aux Juifs pendant la guerre.	• • •
Que doit-elle coudre sur ses vêtements ?	
Pourquoi Francine et sa mère sont-elles arrêtées, selon toi ?	
Écris le nom de tous les camps où Francine a été internée. Trace en rouge son itinéraire sur la carte, de Paris jusqu'à Bergen-Belsen.	
Qui a libéré Francine et sa mère ?	

Ceija Stojka	
Quelle est sa nationalité ?	
Quel âge a-t-elle lorsqu'elle est arrêtée ?	
Par qui est-elle arrêtée ? Pourquoi ?	
Vers quels camps de concentration* a-t-elle été déportée* ?	• Auschwitz • Bergen-Belsen • Ravensbrück
Quel moyen a-t-elle utilisé à l'âge adulte pour témoigner de son passé ?	

B Le génocide

DOC. 4 **Arrivée des Juifs hongrois déportés dans le camp d'Auschwitz* (Pologne) en 1944**

Quelques chiffres

- 6 millions de Juifs tués dont 1,5 million d'enfants de moins de 15 ans.
- 76 000 Juifs de France déportés dont 11 450 enfants.
- 250 000 Tsiganes assassinés.
- Sur les 24 000 Tsiganes assassinés à Auschwitz, 6 000 étaient des enfants.

Et puis nous sommes rentrés en Pologne. Le train s'est arrêté et les portes du wagon se sont ouvertes violemment, et là, j'ai cru que ma vie allait basculer, parce que sur les quais se trouvaient les SS* qui tenaient d'énormes molosses en laisse. Et les SS, qui hurlaient des insultes en allemand, les crosses de fusil tournées vers nous, ont dit : « tous les hommes de 16 à 50 ans descendent du train. » Moi je n'avais que 15 ans, mais je suis quand même descendu de train avec mon frère et mon père. On a été dirigés vers des camps de travaux forcés - durée de vie prévue : six mois maximum par rapport à la nourriture qu'on nous donnait et au travail qu'on nous faisait faire.

Témoignage de Léon Zyguel recueilli en 2011, CRDP de Créteil.

DOC. 5 **Le témoignage d'un déporté au camp d'Auschwitz en 1942**

2 De quel camp s'agit-il ? ....

3 Comment les Juifs sont-ils déportés dans les camps ?

....

4 Qu'est-il arrivé à Léon Zyguel à la sortie du train ?

....

....

....

5 Donne les chiffres montrant que les Juifs et les Tsiganes ont été victimes d'un génocide*.

....

....

....

Ce que j'ai retenu

▶ **Explique ce qui est arrivé aux Juifs et aux Tsiganes pendant la Seconde Guerre mondiale.**

....

....

26 La Résistance

EMC

En juin 1940, la France perd la guerre et signe un armistice* avec l'Allemagne. Une partie de son territoire est occupée par l'armée allemande. Comment certains Français résistent-ils ?

A Les résistants

1 Écris au bon endroit les noms de ces résistants célèbres :
Charles de Gaulle, Lucie Aubrac, Jean Moulin.

....

Je suis professeure d'Histoire, je participe à de nombreuses activités de Résistance. Je rejoins le général de Gaulle à Londres en 1944 et je parle à la Résistance grâce à la radio anglaise : la BBC.

....

Je suis un ancien préfet et je suis envoyé par le général de Gaulle en France pour rassembler les mouvements de Résistance. Je suis arrêté par la Gestapo* et je meurs à la suite de tortures.

....

Je suis général et je lance un appel le 18 juin 1940 pour demander aux Français de résister et de venir me rejoindre à Londres. Je deviens le chef de la France libre.

B Les activités des résistants

2 Replace au bon endroit les activités des résistants :
saboter des trains, réceptionner des parachutages, se battre contre les Allemands, transmettre des informations par radio, imprimer des journaux clandestins, distribuer des tracts.

....
....

....
....

....
....

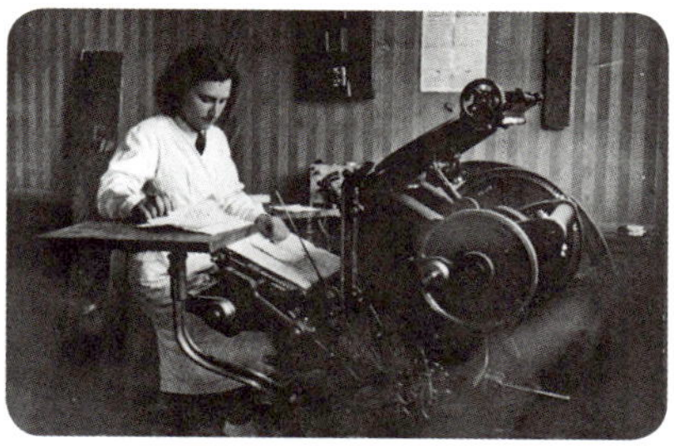

....

....

3 Qui arrête les résistants sur le document 1 ?

....

4 Quelle a été l'attitude des Français pendant la guerre d'après cette photographie ?

- ❑ ils sont tous résistants
- ❑ ils sont tous collaborateurs
- ❑ certains sont résistants, d'autres collaborateurs

5 Pourquoi faut-il beaucoup de courage pour être résistant ?

....

....

....

DOC. 1 **Des miliciens* français arrêtent des résistants français, juillet 1944**

Mon travail était de récupérer les messages. Je venais à bicyclette, de chez ma grand-mère. Je récupérais les messages ; j'en récupérais d'autres que me donnait André Dubois. Et je rentrais à Foulletourte… 25 kilomètres à l'aller, 25 kilomètres au retour. J'avais 12 ans. Je franchissais les barrages allemands sans être inquiété. Je cachais les messages dans la pompe de mon vélo.

D'après Philippe Chapleau, *Des enfants dans la Résistance* (1939-1945), Éditions Ouest France, 2008

DOC. 2 **Témoignage de Jean-Jacques Auduc, né le 9 juillet 1931, près du Mans**

6 Souligne l'âge de Jean-Jacques Auduc dans le texte.

7 Quelle est sa mission ?

....

8 Pourquoi la Résistance fait-elle appel à un enfant ?

....

....

....

Ce que j'ai retenu

▶ **Que faisaient les résistants pendant la guerre ?**

....

....

LEÇON À MANIPULER

La Seconde Guerre mondiale

Réviz' QUIZ

1 Fabrique ton mémo. p. 61

	L'armée allemande.	Le maréchal Pétain.	
	Elle engage des pays de tous les continents.	Le 18 juin 1940.	
	Les Juifs et les Tsiganes.	Une personne qui lutte contre le régime de Vichy et les Allemands pour libérer la France.	
	Le débarquement des troupes alliées pour libérer la France et l'Europe.	La capitulation de l'armée allemande qui marque la fin de la Seconde Guerre mondiale en Europe.	

2 Qui suis-je ? Colle les photographies au bon endroit et écris le nom de ces personnages historiques. p. 61

Ce général lance un appel le 18 juin 1940 pour appeler les Français et les Françaises à résister et à venir le rejoindre à Londres. Il est le chef de la France libre.	Ce dictateur dirige l'Allemagne nazie de 1933 à 1945. C'est à cause de lui que la Seconde Guerre mondiale éclate en Europe et que les Juifs et les Tsiganes sont victimes d'un génocide.	Il est chargé par le général de Gaulle de rassembler les mouvements de résistance. Il est arrêté par la Gestapo et meurt à la suite de tortures.	Chef de l'État français de 1940 à 1944, il collabore avec les Allemands en pourchassant les résistants français et en participant à la déportation des Juifs.
....	....	....	....

3 Écris au bon endroit les évènements et les périodes historiques suivants :

la Première Guerre mondiale, la Seconde Guerre mondiale, la capitulation, l'appel.

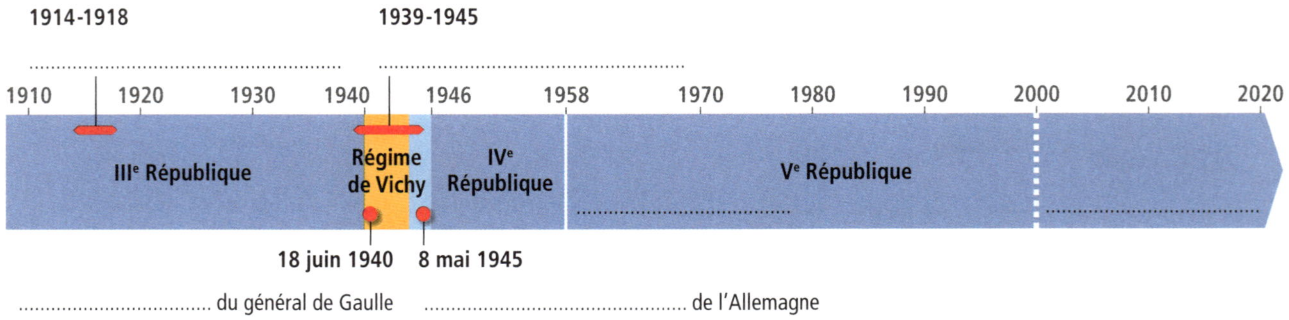

27 Bâtir la paix : la construction européenne

Après 1945, les États européens, épuisés par la guerre, cherchent à se rapprocher pour construire ensemble une Europe unie. Comment la construction européenne s'est-elle déroulée ?

DOC.1 **La déclaration de Robert Schuman,** ministre français des Affaires étrangères, 9 mai 1950

1 **ÉCOUTE la déclaration de Robert Schuman.** 1 min
Quel est le nom des deux pays à l'origine de la construction européenne ?

- ....
- ....

2 Que souhaite Robert Schuman ? Coche les bonnes réponses.

- ❑ Construire l'Europe et se renforcer sur le plan économique.
- ❑ Réconcilier la France et l'Allemagne.
- ❑ Éviter les guerres entre les pays européens.

3 Colorie en bleu foncé les six États fondateurs de l'Union européenne, en bleu clair les pays entrés après 1957 et en rouge le pays qui a décidé de quitter l'Union européenne en 2020 lors du Brexit*.

4 Combien de pays compte l'Union européenne aujourd'hui ?

....

DOC.2 **La construction de l'Union européenne**

Ce que j'ai retenu

▶ **Explique pourquoi l'Union européenne a été construite.**

....

....

28 L'Union européenne aujourd'hui

EMC

L'Union européenne est une union politique et économique de 27 pays d'Europe, de plus de 448 millions d'habitants, avec une grande diversité de paysages, de cultures et plus de 24 langues officielles. Quels sont les éléments communs, partagés par ces pays ?

A Un territoire commun

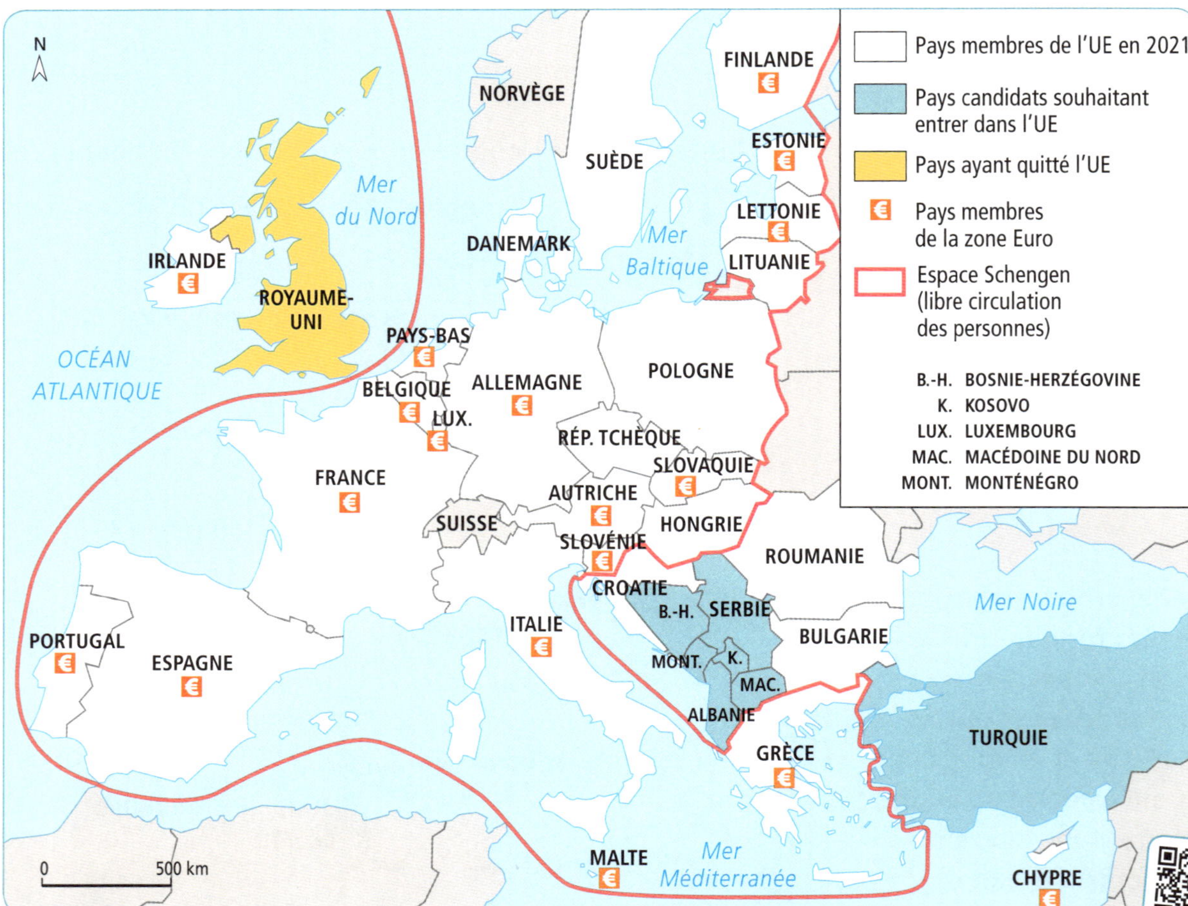

DOC. 1 L'Union européenne aujourd'hui

Quelques chiffres

- 448 millions d'habitants
- 2e puissance économique après les États-Unis
- 1re puissance commerciale au monde

1 Colorie les pays de l'Union européenne en bleu.

2 Comment s'appelle la monnaie commune ? ....

3 Combien d'habitants compte l'Union européenne ? ....

4 Comment s'appelle l'espace composé de plusieurs pays où les citoyens européens peuvent circuler librement ? ....

5 Donne deux points forts de l'Union européenne aujourd'hui.

- ....
- ....

B Des valeurs, une citoyenneté et des symboles communs

L'Union est fondée sur les valeurs de respect de la dignité humaine, de liberté, de démocratie*, d'égalité, de l'État de droit, ainsi que de respect des droits de l'Homme, y compris des droits appartenant à des minorités. Ces valeurs sont communes aux États membres dans une société caractérisée par le pluralisme, la non-discrimination, la tolérance, la justice, la solidarité et l'égalité entre les femmes et les hommes.

Article 2 du traité sur l'Union européenne (traité de Maastricht), 1992.

DOC. 2 Les valeurs de l'Union européenne

6 Souligne en rouge toutes les valeurs* de l'Union européenne.

DOC. 3 Les symboles et valeurs de l'Union européenne

7 **REGARDE LA VIDÉO**, 3 min puis retrouve, sur l'affiche, trois symboles de l'Union européenne.

8 Quels sont les deux symboles manquants ?

- ....
- ....

DOC. 4 Les symboles de l'Union européenne

- Le droit de voter et d'être élu aux élections municipales de tous les pays européens.
- Le droit de voter aux élections européennes au Parlement européen de Strasbourg.
- Le droit de circuler librement et de séjourner dans les pays de l'UE.
- Le droit de travailler et d'étudier dans les pays de l'UE.

Extraits du traité de Maastricht, 1992.

DOC. 5 Les droits du citoyen européen

9 Donne la date et le nom du traité qui crée une citoyenneté européenne avec des droits pour les citoyens européens.

....

10 Quand tu auras 18 ans et que tu auras la citoyenneté européenne, est-ce que tu auras le droit :

- d'étudier en Espagne ? ☐ oui ☐ non
- de voter aux élections des députés européens ? ☐ oui ☐ non
- d'habiter en Allemagne et de participer aux élections du maire de Berlin ? ☐ oui ☐ non
- de partir en vacances en Grèce sans montrer ton passeport à la frontière ? ☐ oui ☐ non

Ce que j'ai retenu

▶ **Rappelle les valeurs et les symboles de l'Union européenne.**

- Les symboles : ....
- Les valeurs : ....

LEÇON À MANIPULER

La construction européenne

Réviz' QUIZ

1 Fabrique ton mémo. p. 61

Le traité de Rome.	Le traité de Maastricht.
L'euro.	L'espace Schengen.
27.	La déclaration de Robert Schuman, le 9 mai 1950, considérée comme l'acte de naissance de l'Europe.
« Unie dans la diversité ».	Un fond bleu avec 12 étoiles représentant la diversité et l'harmonie entre les peuples. 

2 Fabrique quatre pochettes et colle-les ci-dessous. Puis, glisse les images à découper dans la bonne pochette. p. 61

3 Écris au bon endroit les évènements et les périodes historiques suivants :
la Seconde Guerre mondiale, XXe siècle, le traité de Rome, le traité de Maastricht, XIXe siècle, la déclaration Schuman.

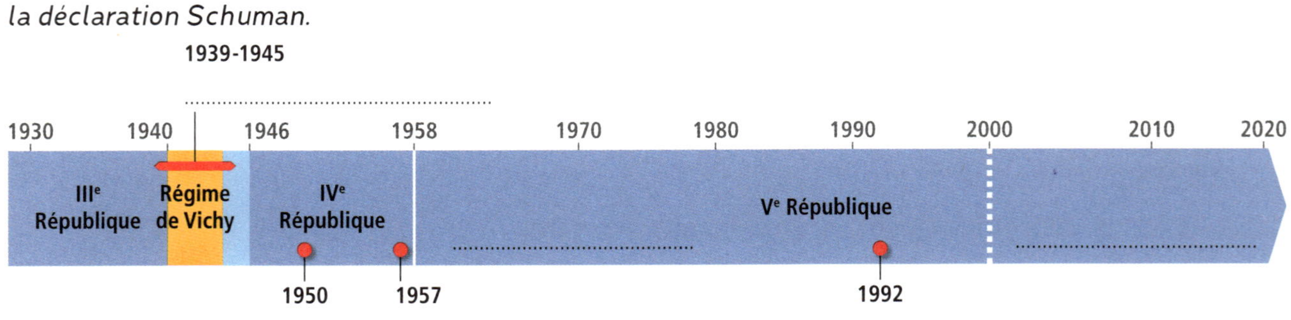

MATÉRIEL À DÉCOUPER

La République

Comment s'appelle un territoire conquis et dirigé par un pays européen ?	Quelle centenaire fête-t-on en France en 1892 ?
Que dit la loi de 1905 ?	Qu'est-ce que les lois votées par la Ire et la IIIe République apportent aux Français ?
Cite les quatre principaux symboles de la République.	Quel jour se déroule la fête nationale tous les ans en France ?
Quel droit est aussi un devoir pour les citoyens ?	Que mettent en place les lois sur l'école en 1881-1882 ?

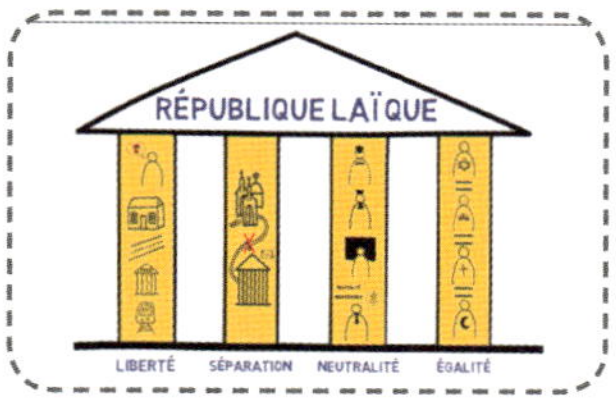

LOIS NOUVELLES — COLLECTION PAUL DUPONT

LOI

DU 29 JUILLET 1881

SUR LA

LIBERTÉ DE LA PRESSE

COMMENTAIRE DU TEXTE DE LA LOI ;
ANALYSE DES EXPOSÉS DE MOTIFS, RAPPORTS ET DISCUSSIONS
A LA CHAMBRE DES DÉPUTÉS ET AU SÉNAT ;

L'âge industriel (1)

Quelle est l'invention des frères Lumière au XIXe siècle ?	Qui travaille 12 heures par jour, mais a le droit à un jour de repos et peut manger à la cantine ?
Quelle invention de 1769 remplace en partie le travail manuel et permet même de faire avancer un train ?	À quel siècle apparaissent de très nombreuses inventions, et notamment la machine à vapeur ?
Quel est le nom du premier grand magasin ouvert à Paris ?	Qu'est-ce que l'exode rural ?
Quel moyen de transport permet de voyager plus vite pour un prix plus bas que la diligence ?	Dans quel endroit peut-on acheter de nombreuses marchandises au XIXe siècle ?

à cheval

en train

à l'électricité

à la bougie

en voiture à moteur

en voiture à cheval

dans un grand magasin

dans un magasin spécialisé

MATÉRIEL À DÉCOUPER

L'âge industriel (2)

Construite pour célébrer le centenaire de la Révolution française, lors de sa construction, elle est la tour la plus haute du monde.	Je peins la gare Saint Lazare douze fois. Je suis un peintre aujourd'hui célèbre.
Je ne souffre pas de la faim, je vais à l'école et je peux même faire des études au milieu du XIXe siècle.	Quelles grandes transformations connait la ville de Paris au milieu du XIXe siècle ?
Je travaille dès l'âge de 8 ans au début du XIXe siècle et je peux mourir d'un accident du travail.	Elles sont les nouvelles portes des villes et accueillent le chemin de fer.
Je transforme la ville de Paris en lançant de grands travaux.	Quelle nouvelle énergie permet d'éclairer les villes ?

La Première Guerre mondiale

Quelles sont les dates de la Première Guerre mondiale ?	Que s'est-il passé le 11 novembre 1918 ?
Pourquoi dit-on que la Première Guerre mondiale est totale ?	Pourquoi dit-on que la Grande Guerre est une guerre mondiale ?
Qu'est-ce qu'une guerre de tranchées ?	Qu'est-ce qu'un monument aux morts ?
Quel est le surnom donné aux soldats français de la Première Guerre mondiale ?	Cite deux batailles célèbres de la Première Guerre mondiale.

Soldats français à l'attaque

Tranchée allemande

Casemate en béton pour mitrailleuse

Canons allemands

Abri profond dans la tranchée pour les soldats

Avion de reconnaissance

MATÉRIEL À DÉCOUPER

La Seconde Guerre mondiale

Qui occupe la France pendant la Seconde Guerre mondiale ?	Qui dirige l'État français de 1940 à 1944 et collabore avec Hitler ?
Pourquoi dit-on que la Seconde Guerre mondiale est une guerre mondiale ?	Quelle est la date de l'appel du général de Gaulle demandant aux Français de résister ?
Qui est victime d'un génocide durant la Seconde Guerre mondiale ?	Qu'est-ce qu'un-e résistant-e ?
Que s'est-il passé le 6 juin 1944 en Normandie ?	Que s'est-il passé le 8 mai 1945 à Berlin ?

La construction européenne

Quel traité signé en 1957 donne naissance à la CEE ?	Quel traité signé en 1992 donne naissance à l'Union européenne ?
Comment s'appelle la monnaie européenne ?	Comment s'appelle l'espace de libre circulation des personnes dans l'Union européenne ?
Combien de pays compte l'Union européenne ?	Qu'est-ce que la déclaration Schuman ?
Quelle est la devise de l'Union européenne ?	À quoi ressemble le drapeau de l'Union européenne ?

Droit de voter et d'être élu aux élections municipales dans un autre pays de l'Union européenne si l'on y habite.	Droit de circuler librement et de séjourner dans les pays de l'Union européenne.	Traité de Maastricht en 1992

LEXIQUE

A

- **Armistice** : accord entre des ennemis pour arrêter les combats.

B

- **Bourgeois** : personnes riches qui ne sont pas nobles. Elles dominent la société au XIXe siècle.
- **Brexit** : processus de sortie du Royaume-Uni de l'Union européenne.

C

- **Camp d'Auschwitz** : camp de travail et centre de mise à mort situé en Pologne où 960 000 Juifs et 21 000 Tsiganes ont été assassinés.
- **Camp de concentration** : camp où l'on enferme des personnes et où on les soumet à des mauvais traitements.
- **Civils** : la population, par opposition aux soldats.
- **Collaboration** : aide que la France a apportée aux nazis pendant la Seconde Guerre mondiale.
- **Colonie** : territoire conquis, dirigé et exploité par un pays étranger.
- **Colonisation** : conquête, occupation et domination d'un territoire par une puissance étrangère.
- **Colon** : personne qui s'est installée dans une colonie pour l'exploiter.
- **Commémoration** : célébration pour se souvenir d'une personne ou d'un évènement historiques.

D

- **Démocratie** : régime politique dans lequel le pouvoir appartient à tous.
- **Déporter** : envoyer une personne de force dans un camp de prisonniers.

E

- **Empire colonial** : ensemble des colonies gouvernées par un pays.
- **Exode rural** : départ des populations des campagnes vers les villes, à la recherche de meilleures conditions de vie.

G

- **Génocide** : volonté d'extermination d'un peuple entier du fait de sa religion ou de ses origines. C'est un crime contre l'humanité.
- **Gestapo** : police allemande chargée d'arrêter les Résistants pendant la Seconde Guerre mondiale.
- **Guerre totale** : guerre qui touche et mobilise toutes les catégories de la population.

I

- **Impressionnisme** : courant de peinture qui cherche à représenter les impressions personnelles par des jeux de couleurs et de lumière.
- **Indigène** : personne originaire d'un territoire colonisé.

L

- **Laïcité** : liberté de croire ou de ne pas croire. L'État et la religion sont séparés.
- **Laïc, laïque** : indépendant des religions.

M

- **Milicien** : homme qui collabore avec les Allemands pendant la Seconde Guerre mondiale et pourchasse les Résistants et les Juifs.
- **Monarchie constitutionnelle** : régime politique dans lequel la Constitution limite les pouvoirs du roi.

N

- **Nazi** : favorable au parti politique d'Hitler, dont le programme était raciste et guerrier.

O

- **Occupation** : contrôle de la France par les nazis pendant la Seconde Guerre mondiale.

P

- **Poilu** : surnom donné aux soldats qui ont combattu dans les tranchées.

R

- **République** : régime politique sans roi dans lequel les dirigeants sont élus par les citoyens.
- **Résistance** : action clandestine et armée des Français qui, pendant la Seconde Guerre mondiale, ont continué le combat contre les nazis.

S

- **SS** : homme au service de Hitler chargé de l'élimination des Juifs et de l'administration des camps.
- **Suffrage** : voix, avis exprimé lors d'une élection.
- **Suffrage censitaire** : droit de vote limité aux hommes payant un impôt (le cens).
- **Suffrage universel** : droit pour toutes les citoyennes et tous les citoyens de voter.

V

- **Valeur** : idée à laquelle on attache de l'importance.

CRÉDITS

Couverture
Le cinématographe © Archives Larbor **reprise p16** ; *Le Sénégalais* © Archives Larbor ; *Affiche pour le vote des femmes* © Alain Gesgon / CIRIP / akg-images ; *Jeune femme sur un char* © Gaston Paris / Roger-Viollet ; *Tour Eiffel* Paris Musées / Musée Carnavalet - Histoire de Paris.

Crédits photographiques
4 © Archives Nathan ; **5** © Xavier Richer / Photononstop ; **6** © Réseau-Canopé - Le Musée national de l'Éducation **reprise p57** ; **7** © Réseau-Canopé - Le Musée national de l'Éducation **reprise p57** ; **8ht** © Archives Nathan ; **bs** Capture vidéo *Les symboles de la république* © Archives Nathan, 2021 ; **9** © PHILIPPE WOJAZER / POOL / AFP ; **11htd** © Albert Harlingue/Roger-Viollet ; **ht g** © Archives Charmet / Bridgeman Images ; **12** Capture écran vidéo *La laïcité en 3 minutes* © Coexister France **reprise p57** ; **13bsd** © Gusman/Leemage **reprise p57** ; **bsg** © RMN (Château de Versailles) / Réunion des Musées Nationaux ; **14md** © Archives Nathan ; **bsd** © Bibliothèque nationale de France **reprise p57** ; **16ht1** © Mary Evans/Bridgeman images ; **ht2** © Archives Larbor **reprise p18-p57** ; **ht3** © Archives Nathan **ht4** © SSPL/Leemage ; **bs2** © SSPL/ Leemage ; **bs3** © Musée National des Techniques, Paris **reprise p57** ; **bs5** © Archives Nathan ; **17** Capture écran *L'arrivée du train en gare La Ciotat* © Institut Lumière **reprise p57** ; **18htg** © Photo Josse/Leemage ; **bs** © ADOBE STOCK ; **19** Capture écran *Les sépas et la machine à vapeur*, un épisode de la série d'animation « L'aventure des Sépas » où les Terriens apprennent la science aux extraterrestres ! © Xd productions - Tralalere - Moonworks productions - Réalisation : Audrey Mikaelian ; **20** Ph. Jeanbor © Archives Larbor ; **21** © Archives Larbor ; **22htg** © Archives Nathan ; **htd** © Bridgeman Images/Leemage ; **23htg** © SHUTTERSTOCK ; **htd** © Ville de Paris / Bibl. Forney - Henry Gerbault ; **bs** © Archives Bordas ; **24htd** © Bridgemanimages/Leemage ; **htm** © Archives Bordas ; **htg** © Archives Bordas ; **26** Capture écran *Germinal* de Claude Berri © 1993 Pathé Films - France 2 Cinéma - Alternative Film ; **27htd** © Centre Historique Minier (prêt ANMT) ; **htm** © Centre Historique Minier (prêt ANMT) ; **htg** © Centre Historique Minier (prêt ANMT) ; **28htd** © Bridgeman Images/Leemage ; **htg** © École nationale des ponts et chaussées **reprise p59** ; **30** Ph. Hubert Josse © Archives Larbor ; **32ht** © Photo Martine Aubry ; **htg** © Olaf MICHEL ; **mg** © Harald Lueder - stock.adobe.com ; **md** Mary Evans Picture Library / Photononstop ; **33htd** © Denis ALLARD-POOL/SIPA ; **htg** © Bibliothèque national de France ; **34bs1** © Ullstein Bild / Roger-Viollet ; **bs2** © adoc-photos ; **bs3** © API/GAMMA ; **bs4** © Collection Archives Nathan / Le Dellée ; **35htd** © adoc-photos ; **mg** © akg-images / UIG / Universal History Archive ; **htg** Illustrateur : Camille Boutet - © coll. La contemporaine ; **bs** Capture écran vidéo *La signature de l'armistice* série « Apocalypse la première guerre mondiale - la délivrance » © CC&C Clarke Costelle & Cie - FranceTv Distribution ; **36** Capture écran vidéo *Le carnage* série « Apocalypse la première guerre mondiale - le carnage » © CC&C Clarke Costelle & Cie - FranceTv Distribution ; **37htd** Ph. Jeanbor © Archives Larbor ; **m** BIS / Ph. Jeanbor © Archives Larbor ; **htg** © Archives Larbor ; **38** Ph © E.C.P.A./ Archives Bordas ; **39htd** © Bibliothèque municipale de Reims. ; **htg** ©Mary Evans Picture Library / Photononstop ; **40** © Futuropolis / Arte Éditions / Dist. La Collection ; bs © Joe Sacco / Futuropolis & ARTE Éditions pour la version française ; **41** © Futuropolis / Arte Éditions / Dist. La Collection ; **43htd** © Gérard Cerles / AFP ; ht g Photononstop ; **mg** © JPchret - stock.adobe.com ; **md** © Romain Talon - stock.adobe.com ; **bs** © Pascal Deloche/Godong / Photononstop ; **44** Capture écran vidéo « Les causes de la guerre », *Un jour, une question : Pourquoi y a-t-il eu la seconde guerre mondiale ?* © Milan Presse ; **1** © Mary Evans/Bridgeman images **reprise p61** ; **2** © MP/Leemage ; **3** ©Suddeutsche Zeitung/Leemage ; **4** © Mary Evans Picture Library / Photononstop ; **45htg** © Alain Le Bot / Photononstop ; **htd** © DPA / Photononstop ; **mg** © Everett / Bridgeman images ; **bs** © Archives Larbor ; **46 htd** © Archives Larbor ; **htg** © Archives Larbor **reprise p50-61** ; **47htd** © Réseau-Canopé - Le Musée national 1de l'Éducation ; **htg** © Réseau-Canopé - Le Musée national de l'Éducation ; **bs** © DPA / Photononstop ; P48 ht d © Pieyre de Mandiargues, Veronique - Maison Rouge (Rigo, Grete) BArch R 165/51 Bild Nr. 850 ; **htm** © Mémorial de la Shoah/coll. Francine Christophe ; **49** © Mary Evans Picture Library / Photononstop ; **50htg** © PVDE/Bridgeman images ; **htm** © Photo Josse/Leemage **reprise p61** ; **bs1** Musée de la Résistance en Drôme et de la Déportation, Romans-sur-Isère ; **bs2** © MRN/collection historique, 1985 ; **bs3** © Archives Larbor ; **51htg** © PVDE/Bridgeman images ; **htm** © Fondation de la Résistance- photo Défense de la France ; **51htd** © PVDE/Bridgeman images ; **m** © BPK, Berlin, Dist. RMN-Grand Palais / image BPK ; **53** © Studio Harcourt / RMN-GP **reprise p61** ; **55hd** © EU publications **reprise p61** ; **hg** Capture vidéo *Les symboles et valeurs de l'Union européenne*, Éditions Nathan, 2021 ; **57ht** liberté de la presse © Bibliothèque nationale de France ; **bs1** © Archives larbor ; **bs2** Mary Evans Picture Library / Photononstop ; **bs 4** Ph. Musée de l'air Coll. Archives Larbor ; **591htg** Ph.Nanou prod © Archives Sejer ; **ht3** © BIU Santé (Paris) - CISB0059 ; **bs1** © AFP ; **bs2** © Mary Evans Picture Library / Photononstop ; **bs3** Mary Evans Picture Library / Photononstop ; **bs 4** © DeAgostini/Leemage ; **bs5** © Archives nationales France ; **bs6** © Archives Nathan ; **61bd** © Stéphane Ghinéa - Musée de la Poste.

Vidéos
8 *Les symboles de la République* © Éditions Nathan, 2021 ; **12** *La laïcité en 3 minutes* © Coexister France ; **17** *L'arrivée du train en gare La Ciotat* © Institut Lumière ; **19** *Les sépas et la machine à vapeur*, un épisode de la série d'animation « L'aventure des Sépas » où les Terriens apprennent la science aux extraterrestres ! © Xd productions - Tralalère - Moonworks productions - Réalisation : Audrey Mikaelian ; **26** *Germinal* de Claude Berri © 1993 Pathé Films - France 2 Cinéma - Alternative Film ; **35** *La signature de l'armistice*, série « Apocalypse la première guerre mondiale - la délivrance », © CC&C Clarke Costelle & Cie - FranceTv Distribution ; **36** *Le carnage*, série « Apocalypse la première guerre mondiale - le carnage », CC&C Clarke Costelle & Cie - FranceTv Distribution ; **44** « Les causes de la guerre », *Un jour, une question : Pourquoi y a-t-il eu la seconde guerre mondiale ?* © Milan Presse ; **48** *Ceija Stojka à la maison rouge* © BeauxArts.com - https://www.beauxarts.com/videos/visite-guidee-ceija-stojka-a-la-maison-rouge/ ; *Le grenier de Sarah* - © Mémorial de la Shoah - http://www.grenierdesarah.org/index.php/fr/component/grenierdesarah/?view=parcours&id=3%206%20min ; **55** *Les symboles et valeurs de l'Union européenne* © Éditions Nathan, 2021 ; *L'Ode à la joie* © Banco de Sabadell - https://www.youtube.com/watch?v=GBaHPND2QJg&feature=emb_logo.

Audios
9 *La Marseillaise* © Le Chœur de l'Armée française ; **46** *L'appel du général de Gaulle* DR ; **53** *La déclaration de Robert Schuman* © European Union, 2012.

Conception graphique : Anne-Cécile Ferron - Julie Lannes
Conception de la couverture : Jean-Marc Denglos
Mise en pages : Anne-Danielle Naname - Laure Gros
Illustrations : François Foyard
Iconographie : Sylvie Leneveu

Cartographie : AFDEC
Schémas : Corédoc
Frises chronologiques : Renaud Scapin
Relecture : Mathilde Gacogne
Édition : Marion Noesser

N° éditeur : 10278276 - Dépôt légal : Mars 2021 - Achevé d'imprimer en France par Chirat - N° 202109.0098